COCINA POR PRIMERA VEZ

Arancha Plaza

COCINA POR PRIMERA VEZ

MANUAL BÁSICO DE COCINA TRADICIONAL Y CON MICROONDAS

EDITORIAL
EL DRAC

Editor: Jesús Domingo
Coordinación editorial: Paloma González
Diseño de cubierta: Mariano Tovar
Foto de cubierta: Fernando Ramajo

Primera edición: 1996
Segunda edición: 1998

© 1996 *by* EDITORIAL EL DRAC, S. L.
Andrés Mellado, 9 - 1.º D
28015 Madrid
Tel. 91 543 21 72 - Fax 91 549 96 53

© 1996 *by* Arancha Plaza Valtueña

ISBN: 84-88893-24-8
Depósito legal: M-10.935-1998
Impreso en Gráficas Huertas, S.A.
Impreso en España - Printed in Spain

A quien anónimamente ha hecho
posible que escribiera este libro

*Quiero agradecer la gran colaboración
de Alicia Bustos Pueche y María Angustias Torres,
sin cuya ayuda esto no hubiera terminado,
por lo menos así.*

ÍNDICE

Pág.

ÍNDICE DE RECETAS DE PLATOS SALADOS 13

ÍNDICE DE RECETAS DE REPOSTERÍA 16

INTRODUCCIÓN 19

ACERCA DE LAS RECETAS 20

CAPÍTULO **I. LAS CUATRO FORMAS BÁSICAS DE COCINAR.**   21

    ¿Qué se entiende por cocinar? 21
    ¿Qué se entiende por asar? 22
    ¿Qué se entiende por freír? 22
    ¿Qué se entiende por hervir? 23
    ¿Qué se entiende por guisar? 24

CAPÍTULO **II. BREVE VOCABULARIO DE COCINA** 27

CAPÍTULO **III. ESTUDIO DE LOS ALIMENTOS** 29
    El arroz 30
      Generalidades 30
      ¿Cómo se puede cocinar? 31
      Recetas 34
    La pasta italiana 38
      Generalidades 38
      ¿Cómo se puede cocinar? 39
      Recetas 41
    Patatas 46
      Generalidades 46

Pág.

¿Cómo se pueden cocinar? 46
  Recetas 51
Verduras 57
  Generalidades 57
  ¿Cómo se pueden cocinar? 58
  Recetas 61
Ensaladas 68
  Recetas 68
Legumbres secas 72
  Generalidades 72
  ¿Cómo se pueden cocinar? 72
  Recetas 74
Sopas, purés y cremas 79
  Recetas 80
Masas y fritos 91
  Recetas 91
Huevos 98
  Generalidades 98
  ¿Cómo se pueden cocinar? 99
  Recetas 102
Carne 108
  Generalidades 108
  ¿Cómo se puede cocinar? 109
  Recetas 111
Pescados y mariscos 126
  Generalidades 126
  ¿Cómo se pueden cocinar? 126
  Recetas 129
Salsas 140
  Clasificación 140
  Salsas derivadas 141
  Recetas 142

CAPÍTULO **IV. MÉTODO DE ELABORACIÓN DE RECETAS
PROPIAS MEDIANTE UN SISTEMA DE
FICHAS DE TRABAJO** 148

Inventa recetas 148
  Ficha de trabajo n.º 1. Carne guisada 150
  Ficha de trabajo n.º 2. Carne asada 152
  Ficha de trabajo n.º 3. Arroz hervido 154
  Ficha de trabajo n.º 4. Arroz guisado 155

Pág.

Ficha de trabajo n.º 5. Pasta italiana hervida 156
Ficha de trabajo n.º 6. Pasta italiana guisada 157
Ficha de trabajo n.º 7. Verduras guisadas 158
Ficha de trabajo n.º 8. Pescado asado 159
Ficha de trabajo n.º 9. Pescado guisado 160

CAPÍTULO **V. INICIACIÓN A LA REPOSTERÍA:
RECETAS PRÁCTICAS** 161

Recetas 166

CAPÍTULO **VI. LOS VINOS Y SU RELACIÓN CON LA COCINA** 207

Vinos de España 209
El vino y la cocina 211

CAPÍTULO **VII. PLANIFICACIÓN DE MENÚS** 213

¿Qué es un calendario de menús? 213
¿Cómo hacer un calendario de menús? 214

APÉNDICES 216

Aplicación de las técnicas culinarias a los alimentos 216
Cuadros orientativos en la elaboración de los alimentos 219
Entradas 219
Principal 221
Repostería y masas 222
Tabla de equivalencias 223

NOTA IMPORTANTE

Los ingredientes indicados en las recetas son para 4 personas salvo algunas excepciones que se indicarán convenientemente.

ÍNDICE DE RECETAS DE PLATOS SALADOS

Pág.

ARROZ

Ensalada de arroz............................ 34
Rosca de arroz con verduras 34
Paella... 35
Arroz primavera 36
Arroz con verduras.......................... 36
Arroz caserito 37

PASTA ITALIANA

Cintas con huevo............................. 41
Ensalada de codillos papi............... 42
Fideos en cazuela 42
Macarrones con salsa de tomate 43
Sopa de fideos 43
Codillos a la carbonara................... 44
Espaguetis napolitanos 44
Fideos con gambas 45

PATATAS

Ensalada de patatas......................... 51
Patatas a lo pobre........................... 51
Patatas con bacalao......................... 52
Patatas con costillas 52
Patatas con champiñones................ 53
Patatas fritas dos salsas.................. 54
Patatas primavera............................ 54
Puré de patatas enrejado Loles....... 55
Flan de patatas y espinacas............ 55
Patatas en salpicón 56
Puré de patatas con jamón 56

VERDURAS

Alcachofas guisadas 61
Coliflor con bechamel..................... 62

Pág.

Espinacas a la crema 62
Flan de calabacín............................ 63
Flan de espárragos 63
Menestra.. 64
Tumbet de berenjena 64
Alcachofas con jamón...................... 65
Calabacines con atún....................... 65
Champiñones al ajillo 66
Ensaladilla rusa 66
Flan de verduras 67
Menestra de verduras 67

ENSALADAS

Ensalada Costa Azul 68
Ensalada mediterránea.................... 69
Ensalada de remolacha 69
Ensalada Pozoalbero 70
Ensalada de mar.............................. 70
Ensalada mixta 71
Ensalada de garbanzos.................... 71

LEGUMBRES SECAS

Garbanzos caseros........................... 74
Cocido de garbanzos....................... 75
Judías con chorizo 76
Lentejas de la abuela....................... 76
Potaje de vigilia 77
Potaje de vigilia (otro) 77
Lentejas caseras 78
Judías blancas guisadas 78

SOPAS, PURÉS Y CREMAS

Caldo de carne 80
Caldo de pescado 80

	Pág.			Pág.
Consomé	81	Huevos fritos con patatas fritas	104
Crema de ave	81	Huevos pasados por agua caseros...	105
Crema de calabacín	82	Revuelto de champiñones	105
Crema de gambas	82	Tortilla de patatas	106
Crema al Jerez	83	Revuelto de jamón y espárragos	107
Crema de zanahorias	83	Flan de cangrejo	107
Gazpacho	84		
Gazpacho blanco	84	**CARNES**	
Salmorejo	85	Albóndigas con salsa de tomate	111
Sopa de marisco	85	Carne guisada con cerveza en la	
Sopa de pasta	86	olla exprés	111
Sopa de picadillo	86	Babilla asada a la crema	112
Sopa de verdura	86	Filetes empanados	112
Vichyssoise	87	Carne guisada con cerveza	113
Zumo de tomate	87	Hamburguesas	113
Caldo de carne	88	Carne a la Villaroy	114
Sopa de fideos	88	Pechugas al whisky	114
Crema de aguacates	89	Carne de lomo asada	115
Crema con cerveza	89	Cordero con salsa de mamá	115
Crema de langostinos	90	Delicias de solomillo Lutgardo	116
Crema de ave	90	Filetes a la plancha	116
		Jamón a la piña	117
MASAS Y FRITOS		Pechuga de pavo rellena	117
Bolitas de queso	91	Pollo asado	118
Croquetas de jamón	92	Pollo a la jardinera	118
Empanada gallega	92	Pollo en pepitoria	119
Quiche lorraine	93	Tarrina de pechuga con espárragos	119
Sformato	93	Pollo trufado	120
Pasta Orly con pimientos	94	Redondo de ternera asado	121
Crêpes de jamón y queso	94	Tarrina de carne	121
Pizzas	95	Filetes con champiñones	122
Pan (masa de)	95	Chuletas de cordero al Roquefort	122
Masa brisa o quebrada	96	Carne carbonara	123
Hojaldres de sobrasada	96	Babilla asada	123
Pavías de bacalao	97	Chuletas de cerdo con manzana	124
Emparedados	97	Lomo de cerdo con leche	124
Tostas	97	Pollo con cerveza	125
		Jamón york al Jerez	125
HUEVOS			
Huevos a la plancha americanos	102	**PESCADOS Y MARISCOS**	
Huevos al plato daneses	102	Almejas a la marinera	129
Huevos a los 7 minutos Aranjuez...	103	Atún en tomate	129
Huevos duros croquetones	103	Bacalao guisado	130
Huevos escalfados montados	104	Besugo al horno	130

Pág.

Calamares en su tinta 131
Calamares fritos.............................. 131
Cazón en adobo 132
Gambas a la plancha 132
Gambas con gabardina 133
Langostinos cocidos........................ 133
Merluza cocida con mayonesa........ 134
Merluza rebozada........................... 134
Mero guisado con langostinos......... 135
Molde de pescado 136
Pez espada a la plancha.................. 136
Salmón con salsa 137
Salmonetes fritos............................. 137
Atún escabechado........................... 138
Calamares al ajillo.......................... 138

Pág.

Merluza a la sidra 139
Zarzuela de mariscos...................... 139

SALSAS

Salsa bechamel 142
Salsa de nata.................................. 143
Salsa de tomate 143
Salsa española................................ 144
Salsa holandesa.............................. 144
Salsa mayonesa............................... 145
Salsa rubia 145
Salsa velouté de pescado................ 146
Salsa vinagreta............................... 146
Salsa bechamel 147
Salsa de tomate 147

ÍNDICE DE RECETAS DE REPOSTERÍA

	Pág.		Pág.
Almíbar	166	Flan de huevo	182
Arroz con leche	166	Flan de piña	183
Baño de yemas	167	Helado Chus al Jerez	183
Bavaroise de piña	167	Fondant falso	184
Bavaroise de yogur de fresa	168	Glaseado de melocotón	184
Bienmesabe	168	Helado de café	185
Bizcocho de claras	169	Helado de chantilly al caramelo	185
Bizcocho de naranja	169	Hojaldre con cabello de ángel	186
Bizcocho de piña	170	Magdalenas	186
Bizcocho de yogur	170	Mantecadas de anís	187
Bizcocho genovés	171	Mousse de chocolate	187
Bizcocho Juanita	171	Melocotones rellenos	188
Bolas de coco	172	Merengue	188
Brazo de gitano	172	Merengues secos	189
Bollos de desayuno	173	Milhojas	189
Buñuelos de viento	174	Mousse de yogur de frutas del bosque	190
Cake de chocolate	174	Naranjas rellenas	190
Cake de nueces	175	Natillas	191
Capuchina	175	Pastas de té	191
Coca de oliva	176	Pastas Martita	192
Compota de manzana	176	Pestiños	192
Crema blanca de albaricoque	177	Petit-choux de chocolate	193
Crema catalana	177	Peras al vino tinto	193
Crema de café	178	Rosca de naranja	194
Crema de naranja o limón	178	Rosquillas	194
Crema pastelera	179	Salsa de caramelo	195
Crema pastelera de chocolate	179	Salsa de chocolate	195
Crespillos de la abuela	180	Salsa sabayón	196
Filloas	180	Semifrío de limón	196
Croissant casero	181	Soletillas navideñas gratinadas	197
Flan de coco	182	Sultanas	197

Pág.

Tarta de almendra 198
Tarta de coco y limón 198
Tarta de manzana 199
Tarta de queso 199
Tarta de nata 200
Torrijas 200
Tarta mixta 201
Tocino de cielo 201
Tortitas con nata 202
Trufas 202

Pág.

RECETAS AL MICROONDAS

Bizcocho bicolor 203
Bizcocho de naranja 203
Compota de manzana 204
Crema de chocolate 204
Crema de limón 205
Flan de huevo 205
Piña al kirsk 206
Pudding de nueces 206

INTRODUCCIÓN

En pocos años hemos visto evolucionar la sociedad de una manera vertiginosa, afectando de modo muy directo a nuestra vida familiar, a nuestros horarios y a nuestras costumbres y tradiciones. Somos, por decirlo de algún modo, sujetos pacientes del progreso social, surgiendo ante nuestras vidas el gran reto de acomodarnos a la sociedad actual sin dejarnos arrastrar por ella.

En este sentido, la cocina ha sido uno de los aspectos donde el cambio ha sido mayor. Lo que antes era algo impensable, ahora es un hecho constatado en la vida real. ¿Quién iba a pensar que un ejecutivo al llegar del trabajo iba a tener que freírse un par de huevos con patatas para comer?… ¿A quién se le iba a ocurrir que una recién casada no había visto nunca una cocina de cerca? etc., etc., etc.

Como amante de la cocina y consciente de la importancia del buen comer, no creo que la solución al problema actual esté en el mundo de las latas y de los pre-cocinados, aunque en muchos momentos resultan una gran ayuda.

De ahí que en este pequeño manual haya intentado poner todo lo que soy al servicio de un variadísimo público para que, de acuerdo con las exigencias de una cocina actual –fácil, rápida, sencilla y económica– no se pierdan todos los demás valores que se obtienen de los fogones: valores en los que la gastronomía se complementa con la tradición familiar, con el cariño y en definitiva con la dimensión social del hombre.

Os animo pues, a todos, jóvenes y mayores, mujeres y hombres, a que os atreváis a coger la sartén por el mango y a hacer vuestros pinitos en la cocina, ¡la vida os lo agradecerá!

Espero que encontréis en este libro lo que necesitáis para iniciaros en esta ciencia y en este arte que es la cocina.

ACERCA DE LAS RECETAS

*L*as recetas que te presento en el libro han sido elaboradas siguiendo un método didáctico y pedagógico, por lo que tienen entre ellas algunos aspectos en común encaminados a facilitar el aprendizaje en la cocina, que quiero que conozcas:

1. Todas ellas pertenecen a una cocina básica y sencilla que podrás realizar sin dificultad.

2. El vocabulario empleado en su redacción pertenece al lenguaje coloquial. Si hay algo que no entiendes, consulta en los vocabularios que se exponen en el libro: culinario, de repostería o de vinos.

3. Es importante recalcar que, cada receta es un ejemplo de una técnica culinaria básica. Por ejemplo, el pollo en pepitoria lo es del pollo guisado.

Intenta asociar cada receta a su técnica de cocción correspondiente (ampliamente explicadas a lo largo del libro), y su comprensión y elaboración te resultarán mucho más fáciles.

De modo semejante ocurre con las recetas de repostería. No he pretendido hacer un elenco interminable de postres, sino presentarte un modo sencillo de elaboraciones básicas para que seas tú quien hagas tus propios postres.

4. Están pensadas para un total de cuatro (4) comensales, aunque este número es meramente aproximativo.

5. Y… ¡algo que agradecerás: los ingredientes son alimentos conocidísimos que seguramente tendrás en casa!

CAPÍTULO I

LAS CUATRO FORMAS BÁSICAS DE COCINAR

*P*oco a poco irás familiarizándote con los alimentos, las cocciones, las recetas y sus trucos. Te resultará más fácil de lo que piensas si pones esfuerzo por asimilar todo el contenido teórico que se presenta en este libro.

Vamos a empezar por aquellas nociones que debe saber quien se mete por primera vez en la cocina, y que te serán de mucha utilidad para la buena comprensión de este manual.

¿QUÉ SE ENTIENDE POR COCINAR?

En un lenguaje coloquial todos coincidimos en que cocinar es hacer la comida, sin embargo su significado técnico es:

> aplicar a un alimento o a varios,
> una técnica de cocción apropiada
> para obtener una comida apetitosa.

A partir de aquí dejaremos de utilizar el término *cocinar* sustituyéndolo por el concepto que designe a la técnica empleada para la elaboración de un alimento concreto. No hablaremos, por ejemplo, de cocinar un pollo sino de *asar* un pollo, *freír* un pollo, *hervir* un pollo o *guisar* un pollo, según empleemos una técnica de cocción u otra.

> ### Cocinar puede ser:
>
> 1. Asar   3. Hervir
> 2. Freír   4. Guisar

¿QUÉ SE ENTIENDE POR ASAR?

Consiste en hacer un alimento al horno, generalmente con un poco de grasa y un poco de líquido.

Por ejemplo: *Vamos a asar un trozo de carne.*

- *Se adereza la carne y se coloca en una fuente que se pueda meter al horno.*
- *Se le echa un chorreón de aceite y se mete al horno.*
- *A media cocción le añadimos agua, caldo o vino.*

No sólo se puede asar la carne. En el siguiente cuadro encontrarás todos los alimentos que puedes asar.

> ### Se puede asar:
>
> *El arroz*
> *Las patatas*
> *Las carnes*
> *Los pescados*
> *Las verduras*

¿QUÉ SE ENTIENDE POR FREÍR?

Consiste en hacer un alimento en aceite. Cuando el aceite es abundante hablamos de frituras y cuando es mínimo hablamos de plancha.

> ### Se puede freír con:
>
> *Poco aceite: a la plancha*
> *Mucho aceite: fritura*

Por ejemplo:

◻ *Un filete se hace a la plancha, en una sartén o parrilla con muy poco aceite.*
◻ *Unas patatas se hacen en la freidora o en una sartén con abundante aceite.*

Los siguientes cuadros nos presentan los alimentos que se pueden freír y los que se pueden hacer a la plancha.

SE PUEDE HACER A LA PLANCHA:	SE PUEDE HACER UNA FRITURA DE:
Los huevos	*Patatas*
La carne	*Verduras*
Los pescados	*Carnes*
Los mariscos	*Pescados*
	Huevos

En la fritura los alimentos pueden ir enharinados, rebozados o empanados:

◻ *Enharinados:* Pasados por harina.
◻ *Rebozados:* Pasados por harina y huevo.
◻ *Empanados:* Pasados por harina, huevo y pan rallado.

¿QUÉ SE ENTIENDE POR HERVIR?

Es hacer un alimento en un líquido hirviendo, generalmente agua o caldo. Lógicamente, el alimento cocido en un caldo tendrá mayor valor dietético y gastronómico, que el que ha sido hervido en agua.

Por ejemplo:

◻ *Unas espinacas se cuecen en una cazuela con agua hirviendo.*
◻ *Una rodaja de merluza se cuece en caldo hirviendo, mejor que en agua, porque le da más sabor a la merluza.*

A continuación, se exponen los alimentos que pueden hervirse.

> SE PUEDE HERVIR:
>
> *Las verduras* *Los huevos*
> *Las patatas* *La carne*
> *La pasta* *Los pescados*
> *El arroz* *Los mariscos*

* A título orientativo, por cada litro de agua se echa una cucharada de sal.

¿QUÉ SE ENTIENDE POR GUISAR?

Se trata de una cocción mixta, es decir, con una grasa (freír) y un líquido (hervir), que suelen ser aceite y agua.

Al ser la mezcla de dos técnicas culinarias se puede guisar añadiendo a un refrito un poco de agua, o bien al revés, añadiendo a una cocción de agua un refrito antes de que la cocción se termine del todo. De esta explicación podemos concluir que hay dos modos de guisar.

1.ᵉʳ *modo de guisar*

- ☐ Se parte de un refrito (fritura).
- ☐ Se incorpora el alimento principal.
- ☐ Se cubre de agua o caldo y se deja hacer (cocción).

2.º *modo de guisar*

- ☐ Se parte de la cocción al agua de un alimento (cocción).
- ☐ A media cocción se le incorpora el refrito (fritura).

Veamos un ejemplo de cada tipo de guiso:

1.ᵉʳ MODO DE GUISAR (Refrito + cocción) *Pollo guisado*

- ☐ *En una cazuela se hace un refrito con los ingredientes de la receta.*
- ☐ *Se echa en la cazuela el pollo troceado.*
- ☐ *Se cubre con el agua o caldo y se deja hacer.*

2.º MODO (Cocción + refrito) *Lentejas guisadas*

- ☐ *Se ponen a cocer en agua las lentejas en una cazuela.*
- ☐ *A mitad de cocción se le añade a las lentejas, un refrito hecho con los ingredientes de la recetas.*
- ☐ *Se deja un poco en el fuego para que el guiso se trabe.*

Es una técnica de cocción muy apreciada que admiten casi todos los alimentos:

> SE PUEDEN GUISAR:
>
> *Las patatas*
> *La pasta*
> *El arroz*
> *Las verduras*
> *La carne*
> *Los pescados*

RECUERDA:

> LOS ALIMENTOS SE PUEDEN:
>
> ☐ ASAR en el horno con un poco de grasa y lìquido
> ☐ FREIR a la plancha con muy poco aceite
> ☐ FREIR en la freidora con abundante aceite
> ☐ HERVIR en una olla o cazuela con agua o caldo caliente
> ☐ GUISAR en una olla o cazuela con aceite y agua

CAPÍTULO II

BREVE VOCABULARIO DE COCINA

Abrillantar:
Pintar con huevo, mantequilla o gelatina.

Aderezar:
Condimentar un alimento con sal o especias.

Adobo:
Clase de aliño compuesto por vinagre, orégano, sal y pimentón.

Aliñar:
Condimentar un alimento con un preparado llamado aliño.

Aliño:
Sal, especies o líquidos que se combinan dando lugar a un preparado con el que se condimenta un alimento.

Bañar:
A) Cubrir con gelatina, chocolate, caramelo, etc, un alimento.
B) Emborrachar con un almíbar, tartas o pasteles.

Blanquear:
Hervir durante unos minutos, sin acabar de cocer, verduras, aves y carnes.

Bridar:
Coser o atar un ave para cocinarla.

Concentrar:
Reducir un caldo o un guiso por evaporación.

Cubrir:
Verter sobre una preparación, una salsa o crema de modo que quede totalmente cubierta.

Dorar:
Dar a los alimentos en el fuego un bonito color dorado. Suelen dorarse con un poco de aceite en una sartén o cazuela.

Empanar:
Pasar un alimento antes de freírlo por harina, huevo y pan rallado.

Engrasar:
Untar con mantequilla o aceite un molde, con el fin de que el alimento que se haga, no se quede pegado en las paredes del mismo.

Enharinar:
Pasar por harina un alimento para freírlo o rehogarlo.

Escaldar:
Sumergir unos instantes en agua hirviendo un alimento para ablandarlo o pelarlo con facilidad.

Espolvorear:
Cubrir ligeramente un preparado, con queso rallado, perejil, azúcar, etc...

Farsa:
Relleno.

Gratinar:
Dorar la superficie de un plato ya cocinado, en el gratinador, en el horno o en el grill.

Juliana:
Cortar en tiras finas un alimento, generalmente una verdura. Se usa sobre todo para la cebolla.

Lecho:
Primera capa o base de un preparado. Por lo general se usa para referirse al lecho de verduras, que se emplea al asar una carne o un pescado. También se conoce con el nombre de cama.

Macerar:
Introducir un alimento en un líquido frío para que se ablande y adquiera el sabor del líquido.

Mechar:
Introducir tiras de tocino, jamón, etc. en carnes y aves con ayuda de una aguja especial que se llama mechador.

Montar:
Batir enérgicamente a mano o con una batidora las claras de huevos y la nata.

Punto:
Perfecta cocción y sazón de los alimentos.
Gusto óptimo de cocción y sazón.

Reducir:
Concentrar una salsa, jugo o puré por medio de una cocción prolongada.

Rehogar:
Freír a fuego lento con muy poca grasa un alimento o varios.

Refrito:
Conjunto de verduras finamente picadas que se rehogan generalmente para un guiso o relleno. Además de verduras los refritos pueden constar de múltiples ingredientes, como pueden ser el jamón serrano y las almendras.

Salmuera:
Agua fría o hielo con sal. Se utiliza para salar carnes y pescados.

Saltear:
Pasar un alimento por una sartén con muy poca grasa a fuego vivo, moviéndolo continuamente para evitar que se pegue.

Sazonar:
Condimentar con sal un alimento o un preparado.

Trabar:
Espesar la salsa de un potaje o guiso mediante un espesante o por evaporación.

CAPÍTULO III

ESTUDIO DE LOS ALIMENTOS

*E*n este capítulo vamos a estudiar cada uno de los alimentos desde distintos puntos de vista: sus generalidades, sus posibles formas de cocinar y sus recetas, con el objeto de aportar al lector una serie de conocimientos y experiencias que le serán de gran utilidad a la hora de elaborar las recetas.

También se incluyen en este apartado algunos preparados de gran importancia en la cocina de los que explicaremos su elaboración.

En los siguientes cuadros se expone un resumen de lo que a continuación desarrollaremos.

ALIMENTOS:

1. Arroz	5. Legumbres
2. Pastas	6. Huevos
3. Patatas	7. Carnes
4. Verduras	8. Pescados y mariscos

ESQUEMA DE ESTUDIO:

1. Generalidades
2. ¿Cómo se puede cocinar?
3. Recetas

PREPARADOS:

9. Caldos, sopas y cremas
10. Ensaladas
11. Masas y fritos
12. Salsas

ARROZ

EL ARROZ

Generalidades

*E*s el cereal más cultivado, aunque el que menos sustancias nutritivas contiene. Está compuesto casi en su totalidad por almidón, resultando ser así un alimento de fácil digestión. Por su alto contenido en glúcidos se le considera como alimento energético: *100 gr. de arroz proporciona 360 calorías.*

> COMPOSICIÓN DE 100 GR DE ARROZ
>
> | Proteínas | 8,2 % |
> |---|---|
> | Glúcidos | 79,3 % |
> | Lípidos | 0,4 % |

Sus aplicaciones culinarias son variadísimas, ocupando un lugar muy destacado la *paella valenciana.*

En el mercado podemos encontrar dos clases de arroz:

Arroz integral: Sin descascarillar, ni pulir. Es más nutritivo, más sano, más caro y tarda más en cocer.

Arroz blanco refinado: Descascarillado y refinado, separado del salvado. Dentro de este tipo de arroz, podemos diferenciar el de grano largo, corto y el arroz vaporizado.

ARROZ

¿Cómo se puede cocinar?

El arroz se puede cocinar de tres maneras: se puede hervir, se puede guisar y se puede hacer al microondas. En algunos países se fríe, pero en España no es una técnica generalizada. El arroz guisado se llama también arroz rehogado o arroz por absorción.

Modos de hacer el arroz

1. *Hervido*
2. *Guisado*
3. *Microondas*

---

1. Arroz Hervido

Se pone abundante agua en una cazuela con sal, un chorreón de aceite y otro de zumo de limón. Cuando rompe a hervir se echa el arroz, limpio, y se da algunas vueltas con una cuchara de madera para que no se pegue. Se deja cocer a fuego vivo de 15 a 20 minutos dependiendo del tipo y marca del arroz. Una vez cocido se echa en un colador grande o en un escurridor y se debe poner debajo de un chorro de agua fría haciéndolo saltar para que quede todo bien refrescado.
En este momento el arroz está listo para elaborar la receta que se quiera.

Este tipo de arroz suele emplearse para:

- Ensaladas.
- Algunas recetas de arroz en blanco.
- Dietas de protección gástrica.

Excepto en dietas gástricas este arroz siempre debe ir rehogado en el fuego con un poco de aceite si lo vamos a presentar caliente o aliñado con aceite crudo si se va a servir frío o en ensalada.

ARROZ

2. Arroz Guisado

También llamado arroz rehogado o arroz por absorción. Conviene tener claro desde el principio que este arroz puede ser blanco, o bien tipo paella; para evitar equivocaciones en el modo de hacer, explicaremos los dos casos.

2.1. Arroz blanco por absorción:

En una cazuela, lo más plana posible, cubrimos el fondo con aceite y doramos unos ajitos picados y un poco de perejil también picado, procurando que no se quemen. Incorporamos a la cazuela el arroz, medido por volumen, es decir con una tacita o un vaso; lo rehogamos uno o dos minutos. Se rocía con un poco de zumo de limón para que quede más suelto y se le echa el doble de caldo o agua hirviendo con sal y si se quiere con un poquito de caldo de pollo en pastillas. Se puede terminar de cocer de dos maneras:

1.º Dejándolo 10 minutos en el fuego y otros 10 minutos en el horno.
2.º Dejándolo todo el tiempo a fuego medio de 15 a 20 minutos. En este caso hay veces que hay que echarle un poco más de agua.

Conviene dejarlo reposar unos minutos cubierto con un paño húmedo y ya esta listo para presentarlo en moldes, en rosca, acompañado de alguna salsa, etc…
Este arroz blanco queda más sabroso que el que se obtiene hervido en el agua.

2.2. Arroz guisado:

La paella es un tipo de arroz guisado, pero no quiere decir que sea el único. Se pueden hacer muchísimas recetas de arroz guisado variando los ingredientes del refrito inicial. Por lo general, este arroz suele llevar azafrán o colorante artificial resultando de color amarillo.
El sistema a seguir es el siguiente: en una paellera o una cazuela lo más plana posible cubrimos el fondo de aceite y comenzamos a hacer el refrito. El orden en que tenemos que echar los ingredientes en el refrito es importante, ya que podemos hacer un refrito en el que la mitad de los ingredientes se nos hayan quemado y la otra mitad permanezca cruda. A continuación se ha establecido en orden lógico que es conveniente seguir:

ARROZ

1.º Carnes y aves frescas, calamares frescos, gambas frescas.
2.º Ajo, perejil, cebolla, pimiento, tomate.
3.º Pescados congelados: calamares, langostinos.
4.º Verduras congeladas: guisantes judías…
5.º Productos ya cocidos: carne que queramos aprovechar, guisantes de lata, pimiento morrón…
6.º Conviene sazonar un poco el refrito.

Una vez hecho el refrito se echa el arroz, medido por volumen, es decir con una tacita o un vaso; lo rehogamos uno o dos minutos. Se rocía con un poco de limón para que quede más suelto y se le echa el doble de caldo o agua hirviendo con la sal, el caldo de pollo en pastillas y el colorante. Se puede terminar de cocer de 2 maneras:

1.º Dejándolo 10 minutos en el fuego y otros 10 minutos en el horno.
2.º Dejándolo todo el tiempo a fuego medio de 15 a 20 minutos. En este caso, es probable que admita un poco más de agua.

Una vez hecho se debe dejar reposar unos minutos tapándolo con un paño húmedo.
Si se quiere que el arroz quede caldoso, es suficiente con añadirle más caldo en la cocción. En este caso es conveniente servirlo inmediatamente para evitar que el arroz se abra y se pase.

3. Arroz en microondas

El tiempo de cocción del arroz en el microondas es prácticamente el mismo que en la cocina tradicional. Deben cocerse en recipientes tapados.
Actualmente, existe una olla especial en el mercado, para elaborar el arroz en el microondas.

ARROZ

Recetas

ENSALADA DE ARROZ (1)

1/4 kg de arroz	50 gr de Jamón York en taquitos
1 litro de agua hirviendo	50 gr de nueces
1 cucharada de sal	50 gr de queso gruyere en taquitos
1 manzana pelada y partida en taquitos	4 rodajas de piña en almíbar

En una cazuela poner al fuego el agua con la sal. Cuando empieza a hervir añadir el arroz y dejar cocer durante 15 minutos. Una vez hecho se escurre, se refresca con agua fría, y se aliña con aceite. Mezclar el arroz, con el queso, el jamón y la manzana. Decorar con la piña y las nueces y acompañar con mayonesa.

ROSCA DE ARROZ CON VERDURAS (2)

1/4 kg de arroz	1/2 limón
3/4 de litro de agua hirviendo (escaso)	1 lata de champiñones enteros
1 cucharadita de sal	(de 1/4 kg)
1/2 pastilla de caldo de pollo	1 lata de espárragos verdes
1 diente de ajo picado	(de 1/4 kg)
1/2 vasito de aceite	1 lata de tomate frito (de 1/2 kg)

Cubrir el fondo de una cazuela con el aceite y dorar los ajos a fuego medio. Echar el arroz y darle una vuelta. Añadir el agua hirviendo, la sal y la pastilla de caldo. Dejar cocer a fuego vivo 10 minutos, rociar con el zumo del limón y meter al horno a 220 °C otros 10 minutos. (También se puede hacer manteniéndolo en el fuego los 20 minutos).

Una vez hecho el arroz se coloca en un molde de rosca y se vuelca en una fuente redonda. Alrededor se ponen las verduras calientes y en el centro de la rosca, el tomate frito.

ARROZ

PAELLA (3)

1/4	kg de arroz
3/4	de litro de agua hirviendo (escaso)
1/4	kg de carne troceada: pollo, cerdo, costillas... (a elegir)
100	gr de gambas
50	gr de guisantes congelados
50	gr de judías congeladas
1	diente de ajo picado
1/2	pimiento troceado
1/2	pimiento morrón a tiras
1/2	vasito de aceite
1	cucharadita de sal
1/2	pastilla de caldo de pollo
	una pizca de azafrán o colorante

A fuego medio, cubrir el fondo de una paellera con el aceite y poner la carne. Cuando está a medio hacer se añaden los ajos y el pimiento y se dejan 3 minutos. A continuación se añaden las gambas, los guisantes, las judías y el pimiento morrón y se deja cocer todo 10 minutos. Por último se echa el arroz que se rehoga 2 minutos con el resto de los ingredientes. Se añade el agua hirviendo con la sal, la pastilla de caldo de pollo y el colorante. Se deja 10 minutos en el fuego y se mete en el horno a 220 °C otros 10 minutos. (Se puede hacer sólo en el fuego, dejándolo 20 minutos). Dejar la paella reposar 5 minutos, tapándola con un paño húmedo antes de servirla.

Nota: No echar todo el agua de una vez, porque depende del arroz admite más o menos.

ARROZ

ARROZ PRIMAVERA (4)

MICROONDAS

200 gr de arroz	6 anchoas
1 pechuga de pollo cocida	2 tomates
2 pimientos rojos de lata	1 cebolla
1 bolsita de aceitunas verdes deshuesadas	aceite, vinagre y sal

En una fuente de microondas calentar agua con sal 5 minutos. Sacar, echar el arroz y volver a meter 15 minutos, aproximadamente. Se escurre el arroz y se refresca al chorro de agua fría. Se parte la pechuga en tiras finas, se pica el pimiento, las aceitunas, los tomates, la cebolla y las anchoas. Se mezcla todo con el arroz y se adereza con aceite, vinagre y sal.

ARROZ CON VERDURAS (5)

MICROONDAS

200 gr de arroz	1/2 l de agua (puede admitir un poco más)
1 pimiento verde	100 gr de bacon o jamón
1 calabacín	8 cucharadas de aceite
1 berengena	sal
1 cebolla pequeña	azafrán o colorante
1 diente de ajo	
100 gr de jamón	

En una fuente de microondas echar el aceite, las verduras peladas y partidas del tamaño que se quiera y el jamón partido a tiras finas. Meter al microondas con un poco del agua 3 minutos. Sacar, mover y volver a meter 2 minutos. Sacar y añadir el arroz, la sal, el colorante y el agua. Meter 15 minutos, aproximadamente. Sacar, mover y dejar reposar 2 minutos tapado con un paño húmedo antes de servirlo.

ARROZ

ARROZ CASERITO (6)

MICROONDAS

100 gr de arroz
150 gr de patatas
1/4 kg de acelgas o espinacas
1 tomate
1 hueso de jamón
1/2 cebolla
1 diente de ajo
1 $^1/_2$ l de agua (aproximadamente)
1 dl de aceite (8 cucharadas)
sal
azafrán ó colorante
1/2 pastilla de caldo de pollo

En una sopera poner todas las verduras peladas y partidas, el hueso de jamón, el aceite y un poco del agua. Meter en el microondas 3 minutos, sacar, darle unas vueltas y volver a meter 3 minutos. Sacar y añadir el arroz, la sal, la pastilla de caldo, el azafrán y el resto del agua y meter 15 minutos, aproximadamente. Servir muy caliente y caldoso.

PASTA ITALIANA

PASTA ITALIANA

Generalidades

Se encuentra en el grupo de los cereales por ser un producto alimenticio elaborado a partir de harina de trigo duro, agua y sal, enriquecida a veces con otros ingredientes: huevos, verduras, leche, etc. Es un alimento energético, no sólo por su propia composición, sino porque suele ir acompañado de carnes, salsas, queso, etc. Cada 100 gr. de pasta aportan 180 calorías.

COMPOSICIÓN DE 100 GR DE PASTA

Proteínas	*12 %*
Glúcidos	*75 %*
Lípidos	*1,5 %*

Con la misma masa se fabrican distintas formas de pasta, o se le añade color mediante algún ingrediente natural: yema de huevos, espinacas, zanahorias.

Los tipos de pasta más conocidas son:

☐ *Macarrones:* Tubos largos de 4 cm de largo.
☐ *Espaguetis:* Tiras cilíndricas, delgadas.
☐ *Tallarines:* Tiras planas, estrechas y largas.
☐ *Cintas:* Tallarines más anchos.
☐ *Canalones:* Láminas cuadradas que se rellenan y se enrollan.

Actualmente la variedad de pastas es grandísima:
Espirales, conchas, codillos, lazos, raviolis, tortelinis...

La pasta que se utiliza para la sopa suele ser generalmente de tamaño más pequeño, siendo las más comunes:
Fideos, lluvia, letras y estrellas.

PASTA ITALIANA

¿Cómo se puede cocinar?

La pasta se puede cocinar de tres maneras: se puede hervir, se puede guisar y se puede hacer al microondas como se indica en el siguiente cuadro.

> MODOS DE HACER LA PASTA
>
> *1. Hervida*
> *2. Guisada*
> *3. Al microondas*

1. Pasta hervida

Su preparación es muy sencilla, pero delicada, ya que si no se respetan las reglas para su cocción, es posible que el resultado no sea el deseado.

Teniendo en cuenta que la pasta aumenta hasta tres veces su volumen en el agua, la cazuela donde se deben cocer ha de ser grande y preferiblemente que no sea de porcelana, ya que se pega la pasta. Se pone la cazuela al fuego con abundante agua con sal, un chorreón de aceite y un chorreón de zumo de limón y cuando rompe a hervir se echa la pasta. Al principio conviene moverla para que no se pegue entre sí. Se deja cocer a fuego vivo hasta que esté *"al dente"*, es decir, blanda pero con un punto de dureza en la parte central. El tiempo de cocción varía mucho según la clase de pasta y la marca, por lo que conviene mirar las indicaciones del paquete, aunque generalmente se calcula de 12 a 15 minutos, excepto en los fideos gordos que tardan más.

Una vez cocida la pasta la escurrimos en un escurridor o en un colador grande y a partir de este momento podemos darles distintas terminaciones:

1.º Ponerla al chorro del agua para refrescarla y utilizarla para ensalada en frío con un aliño, o bien para utilizarla en caliente haciéndole un refrito por ejemplo de chorizo, como en el caso de los macarrones.

PASTA ITALIANA

2.º Echar en la cazuela donde acabamos de cocer la pasta, algunos trozos de mantequilla y de nuevo incorporar la pasta a la que daremos alguna vuelta con la mantequilla y ya estará lista para utilizar.

Si el plato de pasta que queremos preparar es caliente, con este último sistema la pasta sale más sabrosa.

2. Pasta guisada

De preparación similar al arroz guisado, con la diferencia de que la pasta admite más cantidad de agua que el arroz.
Su modo de hacer es el siguiente: en una cazuela se prepara un refrito con los ingredientes que lleve la receta que tenemos que elaborar. Una vez hecho, añadimos la pasta, le damos una vuelta con el refrito e incorporamos el doble de agua ó caldo hirviendo que de pasta. A medida que la pasta absorba el agua, se le va añadiendo más durante la cocción.

3. Pasta al microondas

El tiempo de cocción de la pasta en el microondas es ligeramente inferior al de la cocina tradicional.
Debe cocer en recipientes tapados.

PASTA ITALIANA

Recetas

CINTAS CON HUEVO (7)

1/4 kg de cintas partidas por la mitad
2 l de agua hirviendo
2 cucharadas rasas de sal
1 limón a la mitad
1 chorreón de aceite
1 hoja de laurel
2 dientes de ajo picados
100 gr de bacon a cuadraditos
50 gr de mantequilla
3 huevos batidos con un poco de sal

En una cazuela se pone el agua con la sal, el aceite, el limón y el laurel. Cuando rompe a hervir se echan las cintas, se mueven un poco con dos tenedores para que se separen y se dejan cocer 10 minutos. Se escurren y se reservan en el escurridor. En la misma cazuela después de tirar el agua de cocer las cintas, se echa la mantequilla, los ajos y el bacon. Se refríen unos minutos y a continuación se añaden las cintas y el huevo batido. Se une todo con la ayuda de una cuchara de madera y se separa del fuego antes de que el huevo se cuaje del todo. Se presenta con perejil picado y acompañado de queso rallado.

Se puede añadir un chorreón de nata.

PASTA ITALIANA

ENSALADA DE CODILLOS PAPI (8)

1/4 kg de codillos	1/2 limón
2 huevos duros picados	1 hoja de laurel
1 chorreón de aceite	150 gr de palitos de cangrejo a rodajitas
2 litros de agua (hirviendo)	1/2 vaso de salsa cóctel o mayonesa, aclarada con leche y un poco de coñac
2 cucharadas rasas de sal	

En una cazuela se pone a hervir el agua con la sal, el aceite, el limón y el laurel. Cuando rompa a hervir se echan los codillos, se mueven un poco para que se separen y se dejan cocer 10 minutos. Se escurre y se refrescan en agua fría. Se mezclan con los palitos de cangrejo, los huevos y la salsa cocktel o mayonesa.
Se presenta con perejil picado por encima y huevo duro.

FIDEOS EN CAZUELA (9)

1/4 kg de fideos gordos	1/2 pimiento picado
200 gr de carne troceada: (pollo, costillas o magro a elegir). (También se puede hacer con pescado)	1 diente de ajo picado
	1 cucharadita de sal
1/2 tomate picado	1/2 pastilla de caldo de pollo
1/2 cebolla picada	6 cucharadas de aceite

En una cazuela se echan el aceite, los ajos, el pimiento, la cebolla y el tomate. Se rehogan 5 minutos y se añade la carne. Se deja hacer todo 10 minutos y cuando está el refrito muy doradito se incorporan los fideos, la sal y la pastilla de caldo de pollo. Por último se añaden dos vasos de agua hirviendo y se dejan cocer 20 minutos. Si se quieren muy caldosos se puede añadir más agua.

PASTA ITALIANA

MACARRONES CON SALSA DE TOMATE (10)

1/4 kg de macarrones	1/4 kg de tomate frito enlatado (aproximadamente)
2 cucharadas rasas de sal	1 hoja de laurel
2 l de agua hirviendo	queso rallado
1/2 limón	100 gr de chorizo partido
1 chorreón de aceite	6 cucharadas de aceite

En una cazuela se pone el agua a cocer con la sal, el limón, el chorreón de aceite y el laurel. Cuando rompe a hervir se echan los macarrones y se dejan cocer 12 minutos. Se escurren y se reservan en el escurridor. En la misma cazuela, después de tirar el agua, se echa el aceite y el chorizo y se refríe. A continuación se añaden de nuevo los macarrones y el tomate frito. Se mezcla todo bien y se pone en una cazuela de barro. Se espolvorea con el queso rallado y se gratina en el horno.

SOPA DE FIDEOS (11)

1 l de caldo de carne. (Ver rec. n.º 54)
60 gr de fideos (un puñadito)

En una cazuela se pone a cocer el caldo y cuando rompe a hervir se le añaden los fideos dejándolos cocer 10 minutos.
A esta sopa se le puede añadir huevo duro picado, y taquitos de jamón serrano.

PASTA ITALIANA

CODILLOS A LA CARBONARA (12)

MICROONDAS

200 gr de codillos	50 gr de mantequilla
150 gr de queso rallado	1 / 4 l de nata líquida
75 gr de bacon	sal

En una fuente de microondas calentar abundante agua 5 minutos. Echar los codillos, meter en el microondas 10 minutos y comprobar que están en su punto. Escurrirlos y mezclarlos con un poco de la mantequilla. Reservar en otro recipiente. En la misma fuente que hemos utilizado poner el bacon y el resto de la mantequilla y meter 2 minutos al microondas. Sacar y añadir el queso, la sal y la nata. Meter 2 minutos y unir esta mezcla con la pasta. Servir inmediatamente. Si se va a tardar en servir es preferible añadirle el queso al final.

ESPAGUETIS NAPOLITANOS (13)

MICROONDAS

250 gr de espaguetis	100 gr de aceitunas negras o alcaparras
1 / 4 kg de salsa de tomate	30 gr de mantequilla
1 lata de anchoas de 150 gr	sal
100 gr de queso rallado	orégano

En una fuente de microondas calentar abundante agua 5 minutos para que hierva. Echar los espaguetis y meter 12 minutos. Escurrir, mezclar con la mantequilla y reservar en un recipiente aparte. En la misma fuente que hemos utilizado, poner la salsa de tomate, las anchoas, las aceitunas troceadas, la sal y el orégano. Meter en el microondas 3 minutos, mover y volver a meter otros 2 minutos. Mezclar con la pasta y servir acompañada de queso rallado.

FIDEOS CON GAMBAS (14)

MICROONDAS

225 gr de fideos gordos

500 gr de gambas

4 cucharadas de salsa de tomate

4 cucharadas de vino blanco

2 dientes de ajo picaditos

1 cucharada de harina

8 cucharadas de aceite

1 l de agua con una cucharada de sal gorda

sal

Pelar las gambas y cocer en una fuente de microondas las cáscaras con una cucharadita de sal, dos vasos de agua y una hoja de laurel, 12 minutos. Colar y en ese caldo cocer los fideos 11 minutos. En otro recipiente hondo poner el aceite, los ajos, la salsa de tomate, la harina disuelta en el vino y la sal. Meter 3 minutos, sacar, añadir las gambas y volver a meter 4 minutos. Mezclar con los fideos y añadir la cantidad que se quiera de caldo. Rectificar de sal. Se sirven caldosos y muy calientes, espolvoreados de perejil.

PATATAS

PATATAS

Generalidades

La Patata es un tubérculo casi de uso diario en la cocina; por su sabor suave se adapta a muchos alimentos y técnicas culinarias.

Está compuesta por un alto porcentaje de agua y su valor energético responde a su cantidad de almidón. Cada 100 gr de patatas aportan 212 calorías.

COMPOSICIÓN DE 100 GR DE PATATAS

Proteínas	2 %
Glúcidos	22 %
Lípidos	2 %

Son infinitos los platos que se preparan a base de patatas y también son numerosas las variedades. En España se recolectan 150 tipos distintos de patatas y en todo el mundo 1300. Dependiendo de las características de cada una, sus aplicaciones culinarias son diferentes. En líneas muy generales diremos que las patatas harinosas se emplean principalmente para sopas y purés evitándolas en los guisos porque se deshacen en la cocción.

Deben almacenarse en un lugar aireado, con luz, y fresco; aunque no frío, ya que las patatas se hielan con facilidad.

¿Cómo se pueden cocinar?

Las patatas admiten todas las técnicas de cocción que hemos estudiado. Se pueden hervir, asar, freír y guisar e incluso con algunas variaciones. También se pueden hacer en el microondas. Antes de explicar cada técnica culinaria, en el siguiente esquema están representadas el conjunto de todas, para que luego sea más fácil al lector situar cada una.

PATATAS

> Modos de hacer las patatas
>
> *1. Hervidas*
> *2. Asadas*
> *3. Guisadas*
> *4. Fritas*
> *5. Microondas*

1. Patatas hervidas

1.1. Patatas hervidas con piel

Se utilizan para consumir en ensaladillas y ensaladas fundamentalmente. Se lavan las patatas, para quitarle la tierra que puede ir pegada a la piel. Se meten en una cazuela que llenamos de abundante agua fría y sal y la ponemos a fuego fuerte hasta que comience a hervir. Es importantísimo a partir de este momento dejar cocer la patata a fuego lento aunque se alargue el tiempo de cocción ya que si se cuecen a fuego vivo la patata se revienta. El tiempo de cocción es difícil de precisar ya que son muchos los factores que van a influir. A título orientativo se puede calcular 1 hora desde que ponemos la cazuela al fuego. Si las cocemos en olla a presión conviene que se acaben de cocer también con la olla abierta y a fuego lento. Para comprobar si están cocidas basta con pincharlas con un tenedor. Por último se retiran del fuego y cuando se hayan enfriado un poco se pelan. Conviene que las patatas no sean muy arenosas.

1.2. Patatas hervidas sin piel

Según el uso que le vayamos a dar a las patatas, una vez que las hayamos pelado, las cortaremos convenientemente.
La cazuela donde se vayan a cocer no debe ser de porcelana ya que se pegarían las patatas.
El sistema a seguir es el siguiente:

PATATAS

☐ Se introducen las patatas una ver partidas en una cazuela; se llena de agua fría y se echa la sal, (recuerda que se calcula una cucharada de sal por cada litro de agua aproximadamente). Se pone a fuego vivo y cuando empiece a hervir se baja el fuego y se dejan cocer aproximadamente 15 minutos. Es evidente que el tiempo de cocción dependerá del tamaño de las patatas.

Para comprobar si están hechas se pincharán con un tenedor. Se escurren, y ya están listas para utilizarlas en la preparación que queramos. Dentro de las patatas cocidas es importante resaltar otra modalidad: en puré.

1.3. Puré de patatas

Aunque en nuestras casas se ha introducido el puré en escamas por sus evidentes ventajas, no debe sustituir en todas las ocasiones al verdadero puré. Un puré casero en su punto resulta un plato exquisito.

Se hace del siguiente modo:

☐ Se cuecen las patatas como se indica con el apartado anterior, y una vez cocidas, sin dejarlas enfriar, se pasan por el pasapurés o, si no se tiene, se aplastan con un tenedor, pero nunca se trituran con la batidora. Sin dejar que se enfríe el puré se mezcla con un poco de mantequilla y un poco de leche hirviendo, que será mayor o menor dependiendo de cómo lo queramos de espeso.

2. Patatas asadas

Resultan un plato exquisito y muy económico, aunque yo creo, que por el tiempo que tardan en hacerse, las comemos poco.

2.1. Patatas asadas con piel

Se pueden asar enteras o en rodajas. Si se asan enteras, se escogen medianas, se lavan y se envuelven en papel de aluminio y se meten al horno moderado hasta que estén tiernas. Aunque depende del tipo y del tamaño de la patata se puede calcular en 2 horas el tiempo de cocción. *Se suelen servir con mantequilla y sal.*

PATATAS

Si se asan en rodajas, se lavan y se cortan en ruedas. Se colocan en una fuente de horno, se les echa por encima un chorreón de aceite, y se les espolvorea de sal, ajo y perejil. Se meten a horno moderado hasta que estén tiernas. *Acompañan carnes y pescados.*

2.2. Patatas asadas sin piel

Generalmente se utilizan para acompañamientos de carnes y pescados. Se pelan las patatas y se parten de la forma deseada. Se sazonan y se meten a horno moderado rociándolas de vino blanco, echándoles unas bolitas de mantequilla y espolvoreadas de perejil.
Tardan aproximadamente 1 hora en hacerse por lo que en la mayoría de los casos, se hierven un poco antes de meterlas al horno para acelerar su cocción.

3. Patatas guisadas

Existen infinidad de recetas de patatas guisadas, sin embargo todas tienen el mismo proceso de elaboración.
En una cazuela se cubre el fondo con aceite y se hace un sofrito con los ingredientes que queramos utilizar, por ejemplo: ajo, cebolla, tomate, pimiento, laurel y costillas. Una vez hecho el refrito se incorporan las patatas peladas y partidas a cascos y se les da una vuelta con el refrito, aproximadamente 5 minutos. Cuando las patatas se han dorado un poco y se empiezan a pegar se cubren con agua y se sazonan con sal y 1 ó $^1/_2$ pastilla de caldo de carne o ave. Se dejan cocer aproximadamente 20 minutos a fuego medio y ya están listas para servir.
Suelen llevar un poco de vino.

3.1. Patatas guisadas en crudo

Aunque también se denominan guisadas, no son las tradicionales, y sólo se deben hacer con recetas ya comprobadas. Consiste en echar todos los ingredientes de la receta, convenientemente partidos, en crudo, cubrir de agua, sazonar y dejar cocer aproximadamente 30 minutos a fuego medio.

PATATAS

4. Patatas fritas

Es una equivocación pensar que es fácil freír las patatas. A mi modo de ver es todo un arte conseguir que queden en su punto por dentro y por fuera. Hay innumerables modalidades de patatas fritas pero aquí sólo explicaremos el modo de freír las patatas a cascos y a bastones.

☐ Se pelan las patatas y se parten, bien alargadas o a cascos. Si se fríen inmediatamente es mejor no meterlas en agua ya que en ese caso habría que secarlas bien antes de freírlas. Se pueden freír en la freidora o en una sartén con abundante aceite.

Las patatas se fríen en dos veces: se da un primer golpe de fritura a temperatura más suave para ablandar la patata por dentro y otro golpe de fritura en el momento de ir a servirlas, a temperatura más alta para que quede el exterior crujiente.

5. Patatas al microondas

Tanto en el microondas como en la cocina tradicional, la patata conserva mucho tiempo el calor una vez terminada su cocción. En el caso del microondas el tiempo de reposo para completar su cocción, si lo indica la receta, es completamente necesario.

El calor producido en el microondas hace que se absorba agua, por eso los guisos y purés en general hay que dejarlos más claros de lo normal, para que después queden en su punto.

Las patatas cocidas enteras, con piel, se pueden pinchar para que salga el vapor aunque no es necesario. Si no se pinchan, la piel se arruga menos.

PATATAS

Recetas

ENSALADA DE PATATAS (15)

1 kg de patatas enteras (sin pelar)	1/2 vaso escaso de aceite de oliva
2 tomates a cascos	2 cucharadas de vinagre
1 lata de atún (150 gr)	1 cucharadita de sal
1/2 cebolla picadita	2 l de agua con 2 cucharadas de sal gorda
2 huevos duros a cascos	
1/2 bolsa de aceitunas deshuesadas	

Se cuecen las patatas en 2 litros de agua fría con 2 cucharadas de sal gorda, durante 3/4 de hora, aproximadamente, a fuego lento. Fuera del fuego se pelan, se dejan enfriar y se parten a cascos. Se mezclan con el resto de los ingredientes y por encima se les echa el aliño formado por el aceite, el vinagre y la sal.

PATATAS A LO POBRE (16)
(patatas revueltas con huevo)

1 kg de patatas cortadas como para tortilla o en cuadraditos	4 huevos batidos con un poco de sal
1 diente de ajo picadito	6 cucharadas de aceite
100 gr de bacon a cuadraditos	1 cucharadita de sal

Sazonar las patatas y freírlas en la freidora a fuego lento. Reservar en una cazuela tapada. En un cazo hacer un refrito con el aceite, los ajos y el bacon y echarlo sobre las patatas. Por último echar el huevo batido y poner a fuego lento. Mover un poco con una cuchara de madera y retirar del fuego antes de que el huevo se cuaje del todo. Se pueden presentar con perejil picado y pan frito.

PATATAS

PATATAS CON BACALAO (17)

1 kg de patatas a ruedas	6 cucharadas de aceite
100 gr de bacalao seco en hebras	1 pizca de colorante
1 cebolla cortada a "la juliana"	3/4 l de agua, aproximadamente

En una cazuela se echan todos los ingredientes en crudo. Se pone al fuego y cuando empieza a hervir se deja cocer a fuego lento 30 minutos, aproximadamente, hasta que se consuma el agua. Si se quiere, antes de retirarlas del fuego se les echan dos huevos batidos, se da unas vueltas para que se cuaje un poco el huevo y se sirven espolvoreadas de perejil. Rectificar de sal.

PATATAS CON COSTILLAS (18)

1 kg de patatas a cascos	1 cucharadita de sal
1/4 kg de costillas	1/2 pastilla de caldo de pollo
1/2 cebolla picadita	1 pizca de colorante
2 dientes de ajos picados	1 hoja de laurel
2 ó 3 vasos de agua, aproximadamente	4 cucharadas de aceite

En una cazuela se echa el aceite y se doran a fuego medio los ajos. Se incorpora la cebolla y cuando pasen 5 minutos se añaden las costillas y la hoja de laurel. Dejar cocer 5 minutos e incorporar las patatas rehogándolas con el refrito hasta que se doren un poco. Añadir el agua, la sal, la pastilla de caldo de pollo y el colorante, hasta que se ablanden las patatas y se consuma el agua casi del todo, y dejar cocer a fuego lento durante media hora, aproximadamente.

PATATAS CON CHAMPIÑONES (19)

1 kg de patatas a cuadraditos
1/2 cebolla picadita
1 diente de ajo picadito
100 gr de bacon a cuadraditos
1/4 kg de champiñones de lata
6 cucharadas de aceite
2 cucharadas de harina
1 cucharadita de sal
1/2 pastilla de caldo de pollo
3/4 l de agua, aproximadamente

Se fríen las patatas a fuego lento en la freidora. Se escurren y se reservan. En una cazuela echamos el aceite, doramos los ajos y estofamos la cebolla. Cuando esté doradita incorporamos el bacon y por último los champiñones. Dejar cocer 5 minutos. Echar la harina y mover con una cuchara de madera. Cuando se dore la harina, y sin dejar de mover, se va añadiendo poco a poco el agua con la sal y la pastilla de caldo de pollo. Se deja cocer la salsa 5 minutos y se echan las patatas dejándolas cocer aproximadamente 10 minutos a fuego lento con la salsa antes de servir. Rectificar de sal. Se presentan en una fuente honda.

PATATAS

PATATAS FRITAS DOS SALSAS (20)

1 kg de patatas	*perejil picado*
4 cucharadas de tomate frito	*tabasco (optativo)*
4 cucharadas de mayonesa	*1 cucharadita de sal para sazonar*

*P*elar las patatas, cortarlas a cuadraditos y sazonarlas. Para freírlas, lo haremos en dos golpes. El primer golpe se da a fuego lento y tiene por objeto que la patata se haga por dentro sin que llegue a dorarse, y el segundo golpe se da a fuego fuerte y en muy poco tiempo, ya que tiene por objeto dorar la patata por fuera. El primer golpe se puede dar con mucha antelación, mientras que el segundo se da momentos antes de servir las patatas. Una vez fritas las patatas se colocan en una fuente y se les echa tomate frito caliente con un poco de tabasco, y en cuatro montoncitos, la mayonesa. Se sirven espolvoreadas de perejil picado.

PATATAS PRIMAVERA (21)

1 kg de patatas a cascos	*2 pechugas de pollo ó medio pollo*
2 l de agua	*1/2 vaso de mayonesa*
2 cucharaditas de sal	*1 hoja de laurel*
1 pastilla de caldo de pollo	*1/2 cebolla a cascos*

*E*n una cazuela poner el pollo, la cebolla, el laurel, la sal y la pastilla de caldo de pollo. Echar el agua fría y cocer al fuego durante 1/2 hora, como mínimo. Sacar el pollo del caldo (comprobar que esté hecho) y echar las patatas, dejándolas cocer a fuego medio durante 25 minutos, aproximadamente. Servir las patatas con un poco de caldo en el fondo y por encima, la mayonesa y las pechugas de pollo desmenuzadas.

PATATAS

PURÉ DE PATATAS ENREJADO LOLES (22)

1 kg de patatas troceadas	*2 cucharadas de mantequilla*
1 cucharada rasa de sal	*1 lata de atún*
1 vaso de leche caliente	*1/4 kg de tomate frito enlatado*

*E*l puré lo haremos del siguiente modo:

En un cazo con agua fría echar las patatas y la sal. Dejar cocer 30 minutos y escurrir. Pasar las patatas por el pasapurés ayudándonos con la leche caliente, y añadir la mantequilla. Mover con una cuchara hasta conseguir que el puré tenga una textura homogénea.

En una fuente colocamos una capa de puré en el fondo, seguida de otra capa de atún con tomate frito y por último, con el puré que nos queda, hacemos un enrejillado encima del relleno (consiste en hacer tiras cruzadas, mediante una manga pastelera y una boquilla). Se puede servir frío o caliente.

Si se quiere hacer con puré en escamas, seguir las instrucciones del paquete.

FLAN DE PATATAS Y ESPINACAS (23)

MICROONDAS

1/2 kg de patatas, peladas y cortadas a rodajas finitas	*1 vaso de leche*
	3 huevos batidos
200 gr de espinadas congeladas (descongeladas)	*1 cucharadita de sal*

*E*n una fuente de microondas se ponen las patatas y las espinacas con agua y sal y se meten en el microondas 7 minutos. Sacar, mover y volver a meter 8 minutos. Escurrirlas. Aparte, se hace una mezcla con los huevos batidos, la leche tibia y la sal y se echa por encima de las patatas y las espinacas. Meter 10 minutos en el microondas, hasta que el flan se cuaje.

PATATAS

PATATAS EN SALPICÓN (24)

MICROONDAS

1/2 kg de patatas enteras con piel	2 huevos duros picaditos
150 gr de atún en aceite	1 cebolla picadita
2 tomates cortados a cuadraditos	sal
1 pimiento morrón a tiras	6 cucharadas de aceite de oliva
	2 cucharadas de vinagre

*M*ezclar el atún, los tomates, los pimientos, los huevos y la cebolla. Reservar este salpicón.

Cocer las patatas en el microondas con agua caliente y sal 10 minutos. Sacar, mover y volver a meter 5 minutos, aproximadamente.

Enfriar y partir a trozos medianos. Unir el salpicón con las patatas y mezclar con el aceite y el vinagre.

PURÉ DE PATATAS CON JAMÓN (25)

MICROONDAS

1/2 kg de patatas	50 gr de mantequilla
200 gr de jamón serrano o york.	sal
1 vaso de leche o nata	nuez moscada

*E*n una fuente refractaria ponemos las patatas peladas y partidas, con un poco de agua hirviendo. Las metemos en el microondas durante 6 minutos.

Sacarlas, moverlas y volver a meterlas otros 6 minutos hasta que estén blandas. Pasar por el pasapurés, añadiéndole la leche caliente, la mantequilla, hasta hacer un puré suave, meclándole la nuez moscada y la sal. Echar el jamón picado por encima.

VERDURAS

Generalidades

Las verduras y hortalizas desempeñan en el organismo una función reguladora. Son una fuente muy importante de vitaminas y sales minerales. Tienen un alto contenido en agua y son ricas en fibra alimenticia.

Por su contenido en agua son productos muy perecederos y con el paso del tiempo, disminuye su valor nutritivo y gastronómico.

Tradicionalmente, entre las verduras más usuales se establece la siguiente clasificación:

CLASIFICACIÓN

HOJAS:	FRUTOS:	RAÍCES:
Acelga	*Pepino*	*Remolacha*
Endibia	*Berenjena*	*Zanahoria*
Escarola	*Calabacín*	
Espinaca	*Pimiento*	FLORES:
Lechuga	*Tomate*	*Alcachofa*
Repollo		*Coliflor*
	HONGOS:	
LEGUMBRES	*Champiñón*	TUBÉRCULO:
FRESCAS:	*Setas*	*Patata*
Guisantes		
Habas	TALLOS:	BULBOS:
Judías verdes	*Espárragos*	*Cebolla*
	Apio	*Ajo*
	Cardo	*Puerro*

VERDURAS

¿Cómo se pueden cocinar?

Dada la gran variedad de verduras, se puede decir que cabe cocinarlas con todas las técnicas culinarias, aunque como puedes ver en el apéndice, a cada verdura le va más una técnica de cocción que otra.

> MODOS DE HACER LAS VERDURAS
>
> 1. *Hervidas*
> 2. *Rehogadas*
> 3. *Guisadas*
> 4. *Fritas*
> 5. *Asadas*
> 6. *Microondas*

1. Verduras hervidas

Las verduras se pueden hervir todas, aunque por nuestros hábitos alimenticios sólo tomamos hervidas algunas de ellas. A la hora de hervirlas vamos a hacer una pequeña distinción entre verduras verdes y verduras blancas.

1.1. Cocción de verduras de hoja verde:

Se pone a calentar abundante agua con sal y cuando comienza a hervir se introduce la verdura. Se cuenta el tiempo de cocción necesario y se retira del fuego. Se escurren en un escurridor o colador y ya están listas para rehogar, aliñar ó tomar directamente.

No conviene tapar la cazuela en la cocción, ya que cambia el color de las verduras. Para conservar un color verde bonito se puede echar en el agua de cocción un poco de bicarbonato.

Las verduras congeladas se cuecen siguiendo las instrucciones del envase. Se consideran verduras verdes: acelgas, espinacas, judías verdes y guisantes.

VERDURAS

1.2. Cocción de verduras blancas:

Se pone a calentar agua con sal en una cazuela y se le añade unas gotas de limón o una cucharada de harina disuelta en agua fría; cuando comienza a hervir se introduce la verdura, se cuenta el tiempo de cocción necesario y se retira del fuego. Se escurre en un escurridor o colador y ya está lista para rehogar, aliñar ó tomar directamente.

Son verduras blancas: la coliflor, las alcachofas, los puerros, los cardos, las endibias y las pencas de acelga.

2. Verduras rehogadas

Generalmente las verduras hervidas no se toman directamente a no ser por motivos de salud, sino que después de hervir se aliñan, se cubren con una salsa o se rehogan. Casi todas las verduras se rehogan en un refrito de aceite con algún condimento: perejil, ajo, cebolla, pimentón, jamón, bacon… Tambien se pueden rehogar simplemente con mantequilla o glasearlas con mantequilla y azúcar como es el caso de las zanahorias y las cebollitas.

3. Verduras guisadas

El guiso más característico de verduras es la menestra. En líneas generales guisar una verdura consiste en hacer un buen refrito con los ingredientes de la receta, incorporar la verdura cruda o dorada previamente en la freidora, cubrir el guiso con agua o caldo, sazonar y dejar cocer el tiempo necesario. El tiempo de cocción será menor si hemos incorporado la verdura previamente dorada.

Conviene que el guiso se haga a fuego lento.

Otra técnica importante que vamos a incluir dentro de las verduras guisadas es el *braseado* que consiste en cocer la verdura a fuego lento en su propio jugo, con el agua que retienen al ser lavadas y con un poco de grasa. Durante esta cocción hay que estar vigilante por si hay que añadir agua.

Esta técnica es muy adecuada para las verduras congeladas.

VERDURAS

4. Verduras fritas

Las verduras se pueden freír crudas o hervidas, dependiendo de la dureza de las mismas.

☐ *Se fríen crudas: berenjenas, calabacines, pimientos, aros de cebolla...*

☐ *Se fríen cocidas: coliflor, alcachofa, pencas de acelga...*

Las verduras se fríen generalmente enharinadas ó rebozadas. Si se fríen crudas lo haremos con el aceite a menor temperatura que si las freímos cocidas.

5. Verduras asadas

El asado de las verduras en el horno concentra los sabores y da muy buenos resultados gastronómicos, pero tiene el inconveniente de requerir mucho tiempo. En ocasiones para disminuir este tiempo se pueden hervir previamente las verduras y terminar su cocción en el horno.

Son adecuadas para asar: berenjenas, pimientos, patatas, cebollas y tomates.

6. Verduras al microondas

Las verduras frescas se cuecen al microondas con una pequeña cantidad de agua.

Las verduras congeladas se pueden cocer en su propia bolsa de plástico, perforándola para que pueda salir el vapor; se deben cocer en dos tiempos para moverlas dentro de la bolsa.

Recetas

ALCACHOFAS GUISADAS (26)

3/4 kg de alcachofas congeladas
1/4 kg de patatas partidas a cascos
1/2 vasito de vino blanco
1 cucharadita de sal
1/2 pastilla de caldo de pollo
1 pizca de colorante
1 hoja de laurel
100 gr de jamón serrano a cuadraditos
1/2 cebolla picadita
1 diente de ajo picadito
6 cucharadas de aceite
agua fría, aproximadamente 2 vasos

En una cazuela se echa el aceite, se doran los ajos y se añade la cebolla. Cuando esté hecha se echan las alcachofas, las patatas, el jamón, el laurel, la sal, la pastilla de caldo de pollo y el colorante. Se rehoga todo junto durante 5 minutos, hasta que el refrito esté doratito. Por último se echa el vino y se termina de cubrir el guiso con agua fría. Dejar cocer a fuego lento durante 35 minutos. Se puede ir añadiendo agua durante la cocción si fuera necesario. Se presentan con huevo picado por encima.

VERDURAS

COLIFLOR CON BECHAMEL (27)

750 gr de coliflor congelada	1 cucharadita de sal
25 gr de harina	1 pizca de nuez moscada
25 gr de mantequilla	queso rallado
1/2 l de leche, caliente, aprox.	

Cocer la coliflor en 2 l de agua hirviendo con 2 cucharadas rasas de sal y 2 cucharadas de harina, durante 20-30 minutos. Escurrir y reservar en el escurridor. En un cazo se derrite la mantequilla a fuego medio, se añade la harina y se da vueltas con una cuchara de madera; por último, se va añadiendo la leche sin dejar de mover y se sazona con la sal y la nuez moscada. Dejar cocer 5 minutos la bechamel. En una cazuela de barro ponemos la coliflor, la cubrimos con la bechamel, la espolvoreamos con queso rallado y la gratinamos en el horno durante unos minutos.

ESPINACAS A LA CREMA (28)

750 gr de espinacas congeladas	1 cucharadita de sal
25 gr de mantequilla	1 pizca de nuez moscada
25 gr de harina	queso rallado
1/2 l de leche, caliente, aprox.	

Cocer las espinacas con 2 l de agua hirviendo y 2 cucharadas rasas de sal, durante 30 minutos. Escurrir y reservar en el escurridor. En una cazuela se hace la bechamel: se derrite la mantequilla a fuego medio, se añade la harina y se mueve con una cuchara de madera. Por último se va incorporando la leche poco a poco sin dejar de mover. Se echa la sal y la nuez moscada y se deja cocer 5 minutos. Se mezcla la bechamel con las espinacas, se ponen en una cazuela de barro, se espolvorean de queso rallado y se meten en el horno para que se doren.

VERDURAS

FLAN DE CALABACÍN (29)

3/4 kg de calabacines	1 cucharadita de sal
4 huevos	mantequilla y pan rallado para engrasar un molde redondo o alargado de horno
1 vaso de leche	

Se pelan los calabacines, se trocean y se cuecen en 2 l de agua hirviendo con 2 cucharadas rasas de sal, durante 20 minutos. Escurrirlos muy bien y echarlos en el molde que tenemos engrasado. Con la minipimer, triturar los huevos con la leche y la sal y echar la mezcla en el molde por encima de los calabacines. Cocer al baño María en el horno a 225 °C durante 30 minutos, aproximadamente hasta que se cuaje. Desmoldar cuando esté templado.

Para desmoldar mejor el flan, también se puede pintar con mantequilla y forrar el fondo del molde con papel plástico transparente.

Se presenta con espárragos alrededor y mayonesa por encima.

FLAN DE ESPÁRRAGOS (30)

1 lata de espárragos de 1/2 kg (cortaditos)	1 cucharadita de sal
4 huevos	mantequilla y pan rallado para engrasar un molde redondo o alargado de horno
1 vaso de leche	

Con la minipimer se trituran los huevos con la leche y la sal. En el molde engrasado se echan los espárragos y la mezcla que hemos hecho. Cocer al baño María en el horno a 225 °C durante 30 minutos, aproximadamente hasta que el flan cuaje. Desmoldar cuando esté templado.

Para desmoldar mejor el flan, también se puede pintar con mantequilla y forrar el fondo del molde con papel de plástico transparente. Se presenta cubierto de mayonesa, con tomatitos alrededor.

VERDURAS

MENESTRA (31)

1 kg de menestra especial congelada	6 cucharadas de aceite
1/2 cebolla picadita	2 cucharadas rasas de sal
1 diente de ajo picadito	50 gr de jamón serrano a cuadraditos
1 cucharada de harina	2 l de agua
1 chorreón de vino blanco	

En una cazuela cocer la menestra durante 25 minutos con 2 l de agua hirviendo y 2 cucharadas rasas de sal. Escurrir y reservar en el escurridor. En la misma cazuela echar el aceite, el ajo, la cebolla y rehogar. Cuando la cebolla está hecha se añade la harina, el jamón y seguidamente la menestra. Dejar cocer todo junto a fuego lento 5 minutos, con un chorreón de vino y un poco de agua. Rectificar de sal. Presentar con pan frito o tostado alrededor.

TUMBET DE BERENJENA (32)

1/2 kg de berenjenas a ruedas, (remojadas en agua con 1 cucharada de sal gorda durante 1 hora para quitarles el amargor)	1/4 kg de patatas a ruedas sazonadas con sal fina
	4 pimientos verdes a tiras
	1/4 kg de tomate frito enlatado

Pasar las berenjenas por harina y freír en la freidora. Escurrir y reservar. Freír las patatas en la freidora a fuego lento, escurrir y reservar. Freír los pimientos en la freidora, escurrir y reservar. En una cazuela de barro poner en el fondo las patatas, seguidamente los pimientos y por último las berenjenas, echar por encima el tomate frito y meter al horno 10 minutos.

VERDURAS

ALCACHOFAS CON JAMÓN (33)

MICROONDAS

750 gr de alcachofas congeladas	6 cucharadas de vino fino
100 gr de jamón serrano picadito	2 ó 3 vasos de agua, aprox.
6 cucharadas de aceite	sal
2 dientes de ajo picaditos	1 cucharada de harina o pan rallado

En un plato de cristal, colocar las alcachofas en su bolsa, perforándola por distintos sitios. Meter en el microondas 5 minutos, mover y volver a cocer 5 minutos.

En una fuente refractaria, poner el aceite, los ajos, el jamón, el vino, la sal y la harina disuelta en el agua (o el pan rallado). Meter en el microondas 4 minutos, mover y volver a cocer 2 minutos con las alcachofas. Reposar 3 minutos y servir.

CALABACINES CON ATÚN (34)

MICROONDAS

6 calabacines	100 gr de queso mozzarella
1 lata de atún	sal
1/4 kg tomate frito enlatado	

Partir los calabacines por la mitad a lo largo dejándoles la piel. Ponerlos en una fuente tapada con agua y sal y meterlos en el microondas 5 minutos, mover y volver a meter 5 minutos, hasta que estén casi hechos. Vaciarlos un poco por el centro y rellenarlos con una mezcla del atún con un poco de tomate. En una cazuela de barro, cubrir el fondo con el resto del tomate frito, colocar los calabacines encima, espolvorear los calabacines con el queso y meter en el microondas 3 minutos, para gratinarlos.

AS

CHAMPIÑONES AL AJILLO (35)

MICROONDAS

750 gr de champiñones naturales fileteados	3 dientes de ajo picados
6 cucharadas de aceite	1 cucharada de harina
8 cucharadas de agua	8 cucharadas de vino Fino
2 cucharadas de tomate frito enlatado	2 guindillas
	sal

*E*n una cazuela se pone el aceite, los champiñones, los ajos, el tomate frito, las guindillas y la sal. Meter en el microondas 10 minutos, sacar, mover y añadir el vino y la harina disuelta en el agua. Volver a meter 5 minutos, hasta que los champiñones estén blandos. Se puede echar un poco de zumo de limón para que queden más blancos. Servir muy calientes.

ENSALADILLA RUSA (36)

MICROONDAS

3/4 kg de ensaladilla congelada	8 cucharadas de mayonesa, aproximadamente
1 lata de atún	
1 bolsa de aceitunas deshuesadas (optativo)	1 tomate a ruedas
	1 huevo duro a ruedas
	sal

*C*ocer la ensaladilla en la bolsa perforada, sobre un plato, 10 minutos, mover y volver a meter 3 minutos, aproximadamente. Refrescarla, echarle un poco de sal y mezclarla con el atún, las aceitunas y la mayonesa. Adornar con el tomate y el huevo duro.

VERDURAS

FLAN DE VERDURAS (37)

MICROONDAS

500 gr de menestra congelada	*1/4 kg de tomate frito enlatado*
4 huevos	*sal*
1 vaso de leche o nata	

Cocer la menestra en la bolsa perforada sobre un plato de cristal 9 minutos. En un molde alto de cristal engrasado poner la menestra, los huevos batidos, la leche y la sal. Meter en el microondas 10 minutos, sacar, y volver a meter 5 minutos, hasta que se cuaje el flan. Volcar en una fuente y servir con el tomate frito en salsera.

MENESTRA DE VERDURAS (38)

MICROONDAS

3/4 kg de menestra congelada	*75 gr de jamón serrano a cuadraditos*
6 cucharadas de vino blanco	*1 cucharada de harina*
1 vaso de agua, aprox.	*2 dientes de ajo picados*
6 cucharadas de aceite	*1/2 cebolla picadita*
	sal

Cocer la menestra en la bolsa perforada sobre un plato de cristal en el microondas 8 minutos, mover y volver a cocer 3 minutos. Reservar.

En una fuente se pone el aceite, los ajos, la cebolla, el jamón y un poco del agua. Meter en el microondas 4 minutos, sacar, mover y añadir el vino, la sal y la harina disuelta en el resto del agua. Volver a meter en el microondas 3 minutos. Unir con las verduras. Presentar acompañada de pan frito.

ENSALADAS

ENSALADAS

Son una preparación culinaria compuesta de varios ingredientes, generalmente fríos que van aliñados con una vinagreta o bien acompañados de una salsa fría.

En un principio, se entendía por ensalada cualquier hortaliza aderezada con sal, aceite y vinagre, pero debido al aumento tan espectacular de ensaladas en estos últimos años, se denominan ensaladas a la preparación gastronómica elaborada con hortalizas, legumbres y otros alimentos, como aves, cereales, pescados, etc., que se termina sazonando y aderezando de una manera simple o utilizando salsas.

Se llaman simples si tienen uno o dos elementos, y compuestas si tienen más de dos elementos.

Actualmente se entiende por ensalada templada aquella que tiene un ingrediente caliente.

Recetas

ENSALADA COSTA AZUL (39)

2 patatas cocidas con piel (aproximadamente 1/2 kg)	300 gr de un pescado blanco cocido
	1/2 vasito de aceite de oliva
2 pimientos asados y pelados	2 cucharadas de vinagre
2 huevos duros	1 cucharadita de sal

Se pelan las patatas y se parten a cuadraditos. Los pimientos se parten en tiras. El pescado se desmenuza. Los huevos se parten en rodajas. Por último se mezclan todos estos ingredientes y se aliñan con el aceite, el vinagre y la sal.

ENSALADAS

ENSALADA MEDITERRÁNEA (40)

6 naranjas peladas
600 gr de bacalao (desalado durante 24 horas, cambiándole de agua cada 8 horas)
6 hojas de lechuga
6 cucharadas de aceite de oliva

Una vez que hemos desalado el bacalao lo cocemos en agua fría y cuando empieza a hervir se separa del fuego y lo dejamos enfriar en el agua.

Partimos la lechuga y las naranjas y las colocamos en la fuente donde vamos a servir la ensalada. Encima se pone el bacalao en trozos y por último le echamos el aceite.

ENSALADA DE REMOLACHA (41)

2 remolachas cocidas y peladas
2 manzanas peladas
1 / 4 kg de queso fresco o poco curado
8 cucharadas de mayonesa aclarada con un poco de leche
lechuga para decorar

Se parten los tres ingredientes en cuadraditos pequeños y se mezclan con la mayonesa, resultando la ensalada de color rosa. Se decora con lechuga en juliana.

ENSALADAS

ENSALADA POZOALBERO (42)

1 manzana pelada y partida a cuadraditos	50 gr de nueces
1 platano pelado y partido a cuadraditos	50 gr de queso roquefort
2 naranjas peladas y partidas a cuadraditos	25 gr de pasas de Corinto
200 gr de queso poco curado partido a cuadraditos	salsa: 4 cucharadas de mayonesa mezclada con un yogur natural y un chorreón de leche
100 gr de jamón york partido a cuadraditos	endibias y langostinos para decorar

Se mezclan los ingredientes con la salsa y se decora con endibias, nueces y langostinos.

ENSALADA DE MAR (43)

250 gr de palitos de cangrejo
100 gr de maíz cocido
100 gr de palmitos en conserva
2 patatas cocidas con piel
salsa: 8 cucharadas de mayonesa mezclada con ketchup, coñac y tabasco.
perejil

Se trocean los palitos de cangrejo, las patatas y los palmitos; se unen con el maíz y se mezcla todo con la salsa. Se presenta espolvoreada de perejil por encima.

ENSALADA MIXTA (44)

1/2 lechuga
1 lata de atún en aceite de 150 gr
4 huevos duros
2 tomates
4 aros de cebolla
vinagreta: mezclar el aceite del atún con 4 cucharadas de vinagre, perejil y una cucharadita de sal

Se trocea la lechuga y se pone en una fuente de base. Sobre ella se colocan los huevos duros en rodajas, los aros de cebolla, los tomates en rodajas y el atún un poco desmenuzado. Por encima se le echa la vinagreta.

ENSALADA DE GARBANZOS (45)

1/4 kg de garbanzos cocidos	1/2 vasito de aceite de oliva
1/2 cebolla	4 cucharadas de vinagre
1/2 pimiento verde	1 cucharadita de sal
3 tomates	1 huevo duro

Se pica en trozos pequeños la cebolla, el pimiento y los tomates. Se unen todos estos ingredientes con los garbanzos y se aliñan con el aceite, el vinagre y la sal. Se puede decorar con ruedas de tomate y un huevo duro picadito por encima.

LEGUMBRES SECAS

LEGUMBRES SECAS

Generalidades

Las legumbres son semillas crecidas en vainas, que se utilizan en la alimentación, frescas o secas. En este apartado nos vamos a ocupar de las legumbres secas: alubias, lentejas y garbanzos.

Desde el punto de vista dietético, las legumbres secas son importantes por la calidad y cantidad de nutrientes. Destaca el porcentaje de proteínas de alto valor biológico.

COMPOSICIÓN DE 100 GR DE LEGUMBRES

Proteínas	*17-25 %*
Glúcidos	*55 %*
Lípidos	*2 %*

Lo que puede resultar indigesto al comer las legumbres secas es la cubierta de celulosa que constituye su piel, por eso su digestibilidad se verá favorecida con la cocción adecuada, no escasa, con la correcta masticación y se verá aumentada si se presenta la verdura en forma de puré.

¿Cómo se pueden cocinar?

Las legumbres se cocinan siempre guisadas, aunque el modo de elaborarlas es muy variado.

LEGUMBRES SECAS

En líneas generales hay que saber que se pueden hacer de dos maneras:

- *partiendo de todos los ingredientes en crudo*
- *partiendo de la cocción de la legumbre y posteriormente añadiendo un refrito.*

El éxito del plato va a depender en gran medida de la calidad de la legumbre.

Antes de comenzar el guiso hay que dejarlas en remojo desde la noche anterior, moviéndolas alguna vez y desechando las que floten pues es síntoma de deterioro.

- *Las alubias y las lentejas se remojan en agua fría.*
- *Los garbanzos se remojan en agua templada.*

Del mismo modo, las lentejas y las alubias se cuecen en agua fría y los garbanzos en agua caliente.

La cocción de las legumbres no puede ser violenta ya que esto produciría un encallamiento y despellejamiento de las mismas.

Las judías, lentejas y garbanzos, no se pueden cocer en el microondas, porque absorben poca agua y quedan duras.

Por este motivo, para hacer una receta en el microondas, las legumbres se tienen que cocer con anterioridad en la forma tradicional, o bien utilizar legumbres en conserva ya cocidas.

LEGUMBRES SECAS

Recetas

GARBANZOS CASEROS (46)

1/4 kg de garbanzos (remojados en agua templada desde la noche anterior)
1 cucharada rasa de sal
1/2 pastilla de caldo de pollo
1/2 cebolla a cascos
2 tomates a cascos
1 cucharadita de pimentón
1 patata a cascos
1 hueso de jamón
agua caliente: la necesaria para cubrirlos y 1/2 litro más, aproximadamente
2 dientes de ajo

Escurrir los garbanzos y ponerlos en la olla exprés junto con los demás ingredientes. Dejar cocer 35 minutos* y abrir la olla. Si necesita más agua, añadir agua caliente y si tiene mucho caldo dejar cocer a fuego medio con la olla destapada hasta que el guiso se trabe, comprobando que los garbanzos están blandos. Rectificar de sal.

* El tiempo va a depender de la calidad de los garbanzos y del tipo de olla exprés.

LEGUMBRES SECAS

COCIDO DE GARBANZOS (47)

1/4 kg de garbanzos (remojados en agua caliente desde la noche anterior)
1/4 kg de carne de morcillo
1/4 de gallina o pollo
50 gr de tocino
100 gr de morcilla
100 gr de chorizo
1 hueso de jamón
1/4 de col
2 patatas a cascos
2 zanahorias troceadas
1 cucharadita de sal
1/2 pastilla de caldo de pollo

Poner en la olla exprés con abundante agua fría la carne, la gallina, el hueso, la sal, la pastilla de caldo de pollo y el tocino. Dejar cocer 40 minutos, abrir la olla y sacar toda la carne, comprobado que esté hecha. En ese caldo se introducen los garbanzos (en una malla si se quieren separados), junto con la col, las patatas y las zanahorias. Cerrar la olla y dejar cocer 30 minutos. Abrir la olla y comprobar que los garbanzos están blandos. Rectificar de sal. Aparte, en un cazo con agua hirviendo se cuecen el chorizo y la morcilla.

Hay muchas maneras de servirlo. Aquí sugerimos servirlo en dos platos:

1. Sopa con fideos y garbanzos.
2. La carne con las verduras acompañada de salsa de tomate.

LEGUMBRES SECAS

JUDÍAS CON CHORIZO (48)

1/4 kg de judías pintas remojadas en agua fría desde la noche anterior	1 cucharadita de sal
	1/2 pastilla de caldo de pollo
1/2 cebolla a cascos	1 cucharadita de pimentón
2 dientes de ajo	agua fría: la necesaria para cubrir-las y 2 vasos más, aproximada-mente
150 gr de chorizo asturiano	

*E*scurrir las judías y ponerlas en la olla exprés con los demás ingredientes. Dejar cocer durante 30 minutos y abrir la olla. Si necesita más agua añadir agua fría y si tiene demasiado caldo continuar la cocción a fuego medio con la olla destapada hasta que se traben las judías. Comprobar que las judías están blandas y rectificar de sal.

LENTEJAS DE LA ABUELA (49)

1/4 kg de lentejas (remojadas en agua fría desde la noche anterior)	1 zanahoria troceada
	1/2 cebolla pequeña a cascos
1 cucharadita de sal	1 cabeza de ajos partida por la mitad
1/2 pastilla de caldo de pollo	2 patatas a cascos
agua: la necesaria para cubrirlas y 2 vasos más, aproximadamente	1 cucharadita de pimentón
	1 hueso de jamón
1 tomate a cascos	

*E*scurrir las lentejas y ponerlas en la olla exprés junto con los demás ingredientes. Dejar cocer 20 minutos a fuego lento y abrir la olla. Si necesita más agua, añadir agua fría y si tiene mucho caldo dejar cocer a fuego medio, destapadas, hasta que el guiso se trabe. Comprobar que las lentejas estén tiernas y rectificar de sal.

LEGUMBRES SECAS

POTAJE DE VIGILIA (50)

1/4 kg de garbanzos (remojados en agua caliente desde la noche anterior)

1/2 cebolla a cascos

2 dientes de ajo

250 gr de espinacas congeladas

2 cucharaditas de pimentón

2 huevos duros

1 cucharadita de sal

1/2 pastilla de caldo de pollo

agua caliente: la necesaria para cubrirlo y 2 vasos más, aproximadamente

4 cucharadas de aceite

Escurrir los garbanzos y ponerlos junto a los demás ingredientes, excepto con los huevos duros. Cocer en la olla exprés durante 30 minutos, aproximadamente. Abrir la olla y añadir las yemas de los huevos desleídas en un poco de agua caliente, dejando cocer el potaje a fuego lento hasta que se trabe. Se presenta con la clara del huevo picadita por encima. Comprobar que los garbanzos están blandos y rectificar de sal.

POTAJE DE VIGILIA (51)

MICROONDAS

1/4 kg de garbanzos en conserva o cocidos previamente

100 gr de espinacas congeladas

2 dientes de ajo picaditos

1 tomate rallado

1/2 cebolla picadita

2 huevos duros

sal

1/2 l de agua (si se quiere más caldoso se puede añadir más)

1 cucharada de harina

4 cucharadas de aceite de oliva

En una cazuela poner los ajos, la cebolla, las espinacas congeladas y el aceite y meter en el microondas 6 minutos. Sacar, mover y añadir la harina y las yemas desleídas en el agua. Volver a meter 4 minutos, comprobando que las espinacas estén hechas. Mezclar con los garbanzos y meter 3 minutos. Rectificar de sal y servir con las claras de huevo duro picadas por encima.

LEGUMBRES SECAS

LENTEJAS CASERAS (52)

MICROONDAS

1/4 kg de lentejas cocidas previamente o en conserva	1/2 l de agua o más si se quieren más caldosas
2 dientes de ajo picaditos	1 cucharada de harina
1/2 cebolla picadita	1 cucharadita de pimentón
4 cucharadas de salsa de tomate	1 cucharadita de sal
	1 hueso de jamón

*E*n una fuente se pone el aceite, el hueso de jamón, los ajos, la cebolla, la salsa de tomate, la harina disuelta en un poco de agua, el pimentón y la sal. Meter en el microondas 5 minutos, mover, añadir el resto de agua y volver a meter 4 minutos. Unir las lentejas y meter de nuevo 3 minutos. Rectificar de sal.

JUDÍAS BLANCAS GUISADAS (53)

MICROONDAS

1/4 kg de judías blancas cocidas previamente o en conserva	100 gr de chorizo casero a rodajitas
1/2 cebolla picadita	1/2 l de agua o más si se quieren más caldosas
1 diente de ajo picado	1 cucharadita de pimentón
1 cucharada de harina	4 cucharadas de aceite
	1 cucharadita de sal

*E*n una fuente poner el aceite, los ajos, la cebolla, la harina disuelta en un poco de agua, el pimentón y la sal. Meter en el microondas 5 minutos, mover, mezclar con el chorizo y el agua y volver a meter 3 minutos, aproximadamente. Unir las judías y calentar 2 minutos. Rectificar de sal.

SOPAS, PURÉS Y CREMAS

SOPAS, PURÉS Y CREMAS

Las sopas se hacen con caldos, que pueden ser de pescado, carne o verdura en los que se cuece el ingrediente o los ingredientes que le dan el nombre.

Los purés suelen llevar patatas. Consiste en rehogar en mantequilla los ingredientes troceados, cubrirlos con agua o caldo, cocerlos y triturarlos.

Las cremas suelen llevar nata. Consiste en triturar los ingredientes previamente cocidos con una bechamel clarita. Por lo general, son de más calidad que los purés.

En la elaboracion de sopas en el microondas hay que emplear recipientes con capacidad suficiente para que durante el calentamiento o la cocción, el líquido al hervir no se derrame. No es necesaria la utilización de tapadera. Para hacer cremas en el microondas, se parte siempre de la leche fría. Si al sacar la crema se ve que ha quedado muy espesa, se puede aclarar con leche caliente y si ha quedado muy líquida se puede añadir directamente maizena express hasta obtener la textura adecuada.
El recipiente donde se haga la crema conviene que sea grande para que no se salga el líquido al calentarse y también para poderlo batir fuertemente. Se hacen en recipiente tapado, para evitar que los bordes se cuajen antes.

SOPAS, PURÉS Y CREMAS

Recetas

CALDO DE CARNE (54)

1 hueso de ternera	1 zanahoria troceada
1 caparazón de pollo limpio de grasa o medio pollo	2 patatas a cascos
	50 gr de garbanzos (un puñadito)
1 hueso de jamón	2 l de agua fría
1/2 cebolla a cascos o 1 puerro	1 cucharadita de sal

*P*oner todos los ingredientes a cocer en la olla exprés durante 1/2 hora. Abrir la olla y dejar cocer 10 minutos más a fuego medio. Colar el caldo con un colador de forma que obtengamos un buen caldo en una cazuela quedándose todos los ingredientes en la olla. Cuanto más cueza más rico está.

CALDO DE PESCADO (55)

150 gr de cáscaras de gambas o 50 gr de gambas	2 patatas a cascos
	2 cucharaditas de sal
1 tomate a cascos	1 cucharada de mantequilla
1 cebolla a cascos	1 cola de merluza congelada
1 hoja de laurel	2 l de agua fría

*E*n la olla exprés abierta rehogar un poco todos los ingredientes excepto el agua sin importarnos que se nos pegue un poco al fondo y sin echar más mantequilla aunque nos parezca poca. Cuando está dorado el refrito, añadir el agua y cerrar la olla. Dejar cocer 30 minutos. Volver a abrir la olla y dejar cocer 5 minutos más. Colar el caldo con un colador y pasar a una cazuela. Con la merluza y las gambas se puede hacer una sopa. (Ver rec. n.° 65).

SOPAS, PURÉS Y CREMAS

CONSOMÉ (56)

1 l de caldo de carne. (Ver rec. n.º 54)

1/2 copita de vino Fino

picadillos variados

$\mathscr{S}$e calienta el caldo y en el momento de servir, se añade el vino y se presenta con diversos picadillos que pueden ser de jamón serrano, jamón york, huevo duro, pan frito, pollo cocido...

CREMA DE AVE (57)

30 gr de mantequilla

30 gr de harina

1 l de caldo de ave caliente (Ver rec. n.º 54).

1 cucharadita de sal

1/2 copita de vino Fino

2 yemas de huevo

2 claras montadas a punto de nieve para decorar (optativo)

$\mathscr{D}$erretir la mantequilla a fuego medio y añadir la harina sin dejar de mover hasta que esté perfectamente mezclada. Ir incorporando el caldo sin dejar de mover y sazonar. Dejar cocer 10 minutos a fuego lento, moviendo de vez en cuando para que no se pegue. Fuera del fuego se añade el vino y las yemas de huevo. Se presenta con las claras montadas por encima espolvoreadas con perejil seco. Si se quiere más clara, se puede añadir un poco más de leche.

SOPAS, PURÉS Y CREMAS

CREMA DE CALABACÍN (58)

1 kg de calabacines pelados y troceados
1/2 kg de patatas peladas y troceadas
1 cebolla partida a cascos
50 gr de mantequilla
1 1/4 l de agua
1 cucharadita de sal
1 vaso de leche

Cocer todo junto en la olla exprés durante 30 minutos, aproximadamente. Una vez cocido se pasa por la minipimer y si es posible por el colador chino. En el momento de servir se puede enriquecer con un chorreón de nata y con unos taquitos de queso.

CREMA DE GAMBAS (59)

50 gr de mantequilla	150 gr de gambas crudas cocidas en 1 l de agua con 1 cucharadita de sal
50 gr de harina	
1/2 l de leche (mejor caliente)	1 chorreón de coñac
3/4 l de caldo de gambas (se aprovecha el caldo de cocción de las gambas)	4 cucharadas de tomate frito enlatado

Derretir la mantequilla a fuego medio y añadir la harina sin dejar de mover hasta que se mezcle totalmente con la mantequilla. Ir incorporando la leche y el caldo moviendo continuamente. Dejar cocer 10 minutos a fuego lento, moviendo de vez en cuando para que no se pegue y agregar la salsa de tomate. Fuera del fuego se le añaden las gambas ya cocidas y peladas y el chorreón de coñac. Rectificar de sal.

SOPAS, PURÉS Y CREMAS

CREMA AL JEREZ (60)

30 gr de mantequilla

30 gr de harina

1 l de leche caliente, aproximadamente

1 cucharadita de sal

1/2 copita de vino Fino

12 almendras trituradas y tostadas al horno

Derretir la mantequilla a fuego medio y añadir la harina sin dejar de mover hasta que esté perfectamente mezclada. Ir incorporando la leche sin dejar de mover y sazonar. A fuego muy lento dejar cocer 10 minutos moviendo de vez en cuando para que no se pegue. En el momento de servir añadirle la copita de vino y espolvorear la superficie con la almendra picada.

Si se quiere más clara, se puede añadir un chorreón de nata, o un poco más de leche.

CREMA DE ZANAHORIAS (61)

1/2 kg de zanahorias peladas y troceadas

1/2 kg de patatas peladas y troceadas

1 cebolla troceada

50 gr de mantequilla

1 $^1/_4$ l de agua

1 cucharadita de sal

1 vaso de leche

Cocer todo junto en la olla exprés durante 30 minutos, aproximadamente. Una vez cocido se pasa por la minipimer y si es posible por el colador chino. Se añade el vaso de leche y además se puede enriquecer con un chorreón de nata.

SOPAS, PURÉS Y CREMAS

GAZPACHO (62)

6 tomates lavados y partidos
1/2 pepino pelado y partido
1/2 pimiento partido
1 rebanada de pan
1 diente de ajo
4 cucharadas de vinagre
1/2 vasito escaso de aceite
1 cucharadita de sal
1 vaso de agua (se puede añadir más)

Remojar el pan en el agua; añadir el resto de los ingredientes y triturar con la minipimer. Rectificar de vinagre y sal. Pasarlo por el colador chino y servirlo muy frío. Si se quiere se puede acompañar de diversos picadillos como pueden ser: pan, tomate, pepino, pimiento, huevo duro…

GAZPACHO BLANCO (63)

50 gr de almendra molida (harina de almendra)	1 cucharadita de sal.
	4 cucharadas de vinagre
50 gr de pan blanco	1 l de agua o de leche
2 huevos crudos (optativo)	1 diente de ajo
1/2 vasito de aceite	

Se ponen todos los ingredientes en el vaso de la batidora y se trituran. Preferiblemente se pasa por el colador chino. Rectificar de sal.

Se sirve muy frío y como guarnición puede ponerse daditos de melón, manzana, pasas o uvas.

SOPAS, PURÉS Y CREMAS

SALMOREJO (64)

1 huevo	1 diente de ajo pelado
100 gr de pan remojado en agua 20 minutos	1/2 vasito escaso de aceite de oliva
9 tomates muy colorados cortados, sin piel y sin semillas	1 cucharadita de sal
	3 cucharaditas de vinagre
	huevo duro y jamón para decorar

Se saca el pan del agua y se escurre un poco. Se tritura con todos los demás ingredientes y se sirve muy frío echándole por encima huevo duro picado y taquitos de jamón serrano. Debe quedar muy espeso. Rectificar de sal.

SOPA DE MARISCO (65)

100 gr de langostinos crudos pelados y las cáscaras correspondientes a los langostinos	2 l de agua fría
	4 rebanadas de pan frito
150 gr de rape	1 huevo duro picadito
2 patatas a cascos	50 gr de jamón serrano a cuadraditos
1 tomate a cascos	25 gr de mantequilla
100 gr de congrio (optativo)	1/2 cebolla a cascos
1 hoja de laurel	1 cucharada rasa de sal

En una cazuela rehogar la mantequilla con las cáscaras de los langostinos, la cebolla, el tomate, las patatas y la hoja de laurel, durante 5 minutos. Cuando está doradito, añadir el agua fría, el congrio y el rape y cocer durante 30 minutos. Sacar el pescado ya cocido y reservarlo. Colar el caldo, 1 litro aproximadamente, en otra cazuela y cuando esté hirviendo se le añaden los langostinos, el huevo, el jamón y el pescado. Dejar cocer la sopa 5 minutos y servir muy caliente con el pan frito en la superficie.

SOPAS, PURÉS Y CREMAS

SOPA DE PASTA (66)

1 l de caldo de carne (Ver rec. n.º 54)
50 gr (un puñadito) de pasta (fideos, letras, estrellitas...)

Poner a calentar el caldo y cuando rompa a hervir echar la pasta y dejar cocer 10 minutos.

SOPA DE PICADILLO (67)

1 l de caldo de carne (Ver rec. nº 54)	1 huevo duro picadito
50 gr de arroz	50 gr de taquitos de jamón serrano

Poner a calentar el caldo y cuando rompa a hervir echar el arroz y dejar cocer 15 minutos. Añadir el huevo y el jamón y dejar 3 minutos más. Servir inmediatamente para evitar que se pase el arroz

SOPA DE VERDURA (68)

1 ramita de apio troceada	1 hueso de jamón
1/4 cebolla picadita	20 gr de mantequilla
1 zanahoria a cuadraditos	1 cucharadita de sal
1 patata a cuadraditos	1/2 pastilla de caldo de pollo
1 calabacín a cuadraditos	2 l de agua fría, aprox.

En la olla exprés abierta, rehogar todos los ingredientes durante 5 minutos. Cuando las verduras están doradas, echar el agua, cerrar la olla y cocer 15 minutos. Abrir la olla y dejar cocer 10 minutos más a fuego lento para que la sopa se trabe.

SOPAS, PURÉS Y CREMAS

VICHYSSOISE (69)

1/2 kg de puerros lavados y troceados (naturales o congelados)
1/2 kg de patatas peladas y troceadas
1/2 cebolla pelada y troceada
30 gr de mantequilla
1/2 l de leche
3/4 l de agua
1 cucharadita de sal

Poner todos los ingredientes a cocer en la olla exprés durante 45 minutos. Una vez cocidos se pasan por la minipimer y por el colador chino ya que el puerro tiene mucha fibra. Se puede enriquecer con un chorreón de nata. Si está muy espesa se aclara con leche. Rectificar de sal.

ZUMO DE TOMATE (70)

6 tomates troceados
2 vasos de agua
1 rebanada de pan
1/2 vasito escaso de aceite de oliva
1 cucharadita de sal
1 pizca de pimienta blanca

Remojar el pan en el agua. Añadir el resto de los ingredientes y triturar con la minipimer. Pasarlo por el colador chino y servir muy frío. Rectificar de sal.

SOPAS, PURÉS Y CREMAS

CALDO DE CARNE (71)

MICROONDAS

1 hueso de ternera	1 cucharadita de sal
1 caparazón de pollo	1 l de agua fría, aproxima-
1 puerro	damente
2 zanahorias	1 hueso de jamón
1 cebolla a cascos	1/2 pastilla de caldo de pollo

En recipiente de cristal hondo se ponen todas las verduras partidas, el caparazón de pollo, los huesos y se echa el agua fría. Tapar y meter en el microondas 15 minutos. Sacar, mover, volver a
tapar y dejarlo 10 minutos, aproximadamente. Rectificar de sal y
colar.

SOPA DE FIDEOS (72)

MICROONDAS

1 l de caldo de carne (Ver rec. n.º 71)
50 gr de fideos

En un recipiente de cristal hondo se pone el caldo de pollo y se
calienta 5 minutos, aproximadamente. Se echan los fideos y se
deja otros 5 minutos, comprobando que quedan blandos.

SOPAS, PURÉS Y CREMAS

CREMA DE AGUACATES (73)

MICROONDAS

3 aguacates	8 cucharadas de nata líquida
1/2 l de agua	2 puerros cortados
1/2 l de leche	1 cucharada rasa de sal
25 gr de mantequilla	

En un recipiente hondo se pone el agua con los puerros y la sal. Meter en el microondas 10 minutos. Sacar, mover y volver a meter otros 3 minutos. Añadir la leche, la mantequilla y los aguacates. Triturar con la minipimer toda la mezcla y añadir la nata líquida. Se sirve templada.

CREMA CON CERVEZA (74)

MICROONDAS

1/4 l de caldo de carne (Ver rec. n.º 71)	50 gr de harina
1/2 l de leche	2 yemas de huevo
1/4 l de cerveza	100 gr de jamón serrano
30 gr de mantequilla	1 cucharadita de sal

En un recipiente de cristal hondo se pone el caldo y la harina disuelta en la leche, se tapa y se mete en el microondas 6 minutos. Sacar, mover y añadir la mantequilla, la cerveza y la sal. Volver a meter 5 minutos. Sacar e incorporar las yemas batidas con un poco de agua fría. Rectificar de sal y servir con el jamón picado por encima.

SOPAS, PURÉS Y CREMAS

CREMA DE LANGOSTINOS (75)

MICROONDAS

300 gr de langostinos	*1/2 l de leche*
40 gr de mantequilla	*50 gr de harina*
4 cucharadas de vino blanco o coñac	*8 cucharadas de nata líquida*
1/2 l de caldo de cocer los langostinos	*1 cucharadita de sal*

Calentar 3 vasos de agua en un recipiente de cristal. Sazonar y poner a cocer los langostinos en el microondas 2 minutos. Retirar y reservar el caldo y los langostinos. En una fuente honda se pone la mantequilla y la harina disuelta en el caldo de los langostinos, la leche y el vino. Tapar la fuente y meter al microondas 5 minutos. Sacar, mover y volver a meter otros 3 minutos. Dejar reposar 2 minutos y añadir la nata líquida y los langostinos pelados, enteros o triturados. Servir espolvoreada con perejil.

CREMA DE AVE (76)

MICROONDAS

1 l de caldo de carne (Ver rec. n.º 71)	*2 yemas de huevo*
30 gr de mantequilla	*1 hoja de hierbabuena o menta*
30 gr de harina	*1 cucharadita de sal*
	cuadraditos de pan frito

Disolver en el caldo frío la harina y meter en el microondas con la mantequilla, la hierbabuena y la sal, 6 minutos. Sacar, batir con una cuchara de madera y volver a meter en el microondas 6 minutos, aproximadamente. Sacar y batir añadiendo las yemas desleídas en un poco de agua fría. Servir con los cuadraditos de pan por encima.

MASAS Y FRITOS

MASAS Y FRITOS

Por la variedad de masas y fritos no se pueden dar ideas generales.
La recetas que tenemos a continuación nos mostrarán el modo específico de realizar cada uno de ellos.

Recetas

BOLITAS DE QUESO (77)

1/4 kg de queso cremoso rallado

3 claras de huevo

*M*ontar las claras a punto de nieve con una pizca de sal y unas gotas de limón y mezclarlas con el queso. Formar pequeñas bolitas, pasar por harina y freírlas en la freidora o en abundante aceite caliente. Escurrir y servir muy recientes.

MASAS Y FRITOS

CROQUETAS DE JAMÓN (78)

100 gr de mantequilla	*1 pizca de nuez moscada*
100 gr de harina fina	*100 gr de relleno picadito (jamón, carne, pollo, huevo, pescado...)*
1/2 l de leche o caldo (mejor caliente)	
1 cucharadita de sal	

*H*acer una bechamel (ver rec. n.º 152), e incoporar el relleno, dejando cocer la masa al menos 10 minutos más. Si la masa no cuece lo suficiente, las croquetas saben a harina cruda y se rompen al freírlas. Cuando la masa se ha enfriado se forman las croquetas, se pasan por huevo y pan rallado y se fríen en la freidora o en abundante aceite caliente. Se escurren y se sirven. Con esta receta salen aproximadamente 25 croquetas. Con experiencia, se puede echar un poco más de leche.

EMPANADA GALLEGA (79)

Masa	Relleno
2 vasos de harina, aproximadamente	*1 cebolla picada*
1/2 vaso escaso de aceite	*1 lata de atún*
1/2 vaso de leche	*tomate frito enlatado, al gusto*
1 chorreón de vino blanco	*6 cucharadas de aceite*
1 cucharadita de sal	

*S*e amasan todos los ingredientes de la masa y se deja reposar 1/2 hora aproximadamente. Aparte, en una sartén se echa el aceite y la cebolla y se deja hacer 10 minutos más o menos. Por último, se añade el atún y el tomate frito. Extender la mitad de la masa, colocar el relleno sobre ella y tapar con el resto de masa, dejando un agujero en el centro. Pintar con huevo y meter en el horno a 225 °C, durante 30 minutos, aproximadamente.

MASAS Y FRITOS

QUICHE LORRAINE (80)

1 receta de masa brisa (Ver rec. n.º 86)	1 cucharadita de sal
1 vaso de leche.	8 lonchas finas de bacon
3 huevos	8 lonchas de queso

En un molde redondo se coloca la masa brisa que hemos extendido con un rodillo y se hace una tartaleta. Sobre ella se coloca el queso y el bacon y por último se añade la leche, los huevos y la sal, mezclados previamente. Se mete el quiche al horno a 200 °C durante 30 minutos. Conviene controlar el horno para que se nos haga bien por debajo. Hay que esperar a que esté templado para desmoldarlo. También se puede hacer en un plato refractario, y en ese caso, no hay que desmoldarlo.

SFORMATO (81)

100 gr de mantequilla	1 cucharadita de sal
125 gr de harina	100 gr de queso Gruyère o Roquefort
3 vasos de leche (mejor caliente)	mantequilla y pan rallado para untar el molde
3 yemas	
3 claras	

Hacer una bechamel con la mantequilla, la harina y la leche (ver rec. n.º 152) y derretir en ella el queso. Por último se incorporan las yemas y se añaden con cuidado las claras a punto de nieve. Se unta un molde con mantequilla y pan rallado, se echa la mezcla y se mete en el horno a 200 °C durante media hora aproximadamente. Hay que esperar que se enfríe un poco para desmoldarlo. Se sirve con patatas paja y puntas de espárragos. También se puede hacer en un plato refractario, y en ese caso, no hay que desmoldarlo.

MASAS Y FRITOS

PASTA ORLY CON PIMIENTOS (82)

50 gr de harina fina

1/2 vaso de cerveza

1 yema

1 clara (batida a punto de nieve)

1 cucharadita de sal

tiras muy finas de pimientos verdes crudos

*M*ezclar en un recipiente la harina, la cerveza, la yema y la sal. Dejar en reposo 20 minutos y cuando se vaya a utilizar se le añade la clara a punto de nieve. Si no se tiene tiempo para que la masa repose, se puede echar 1 cucharadita de levadura en polvo. Pasar las tiritas de pimiento por esta pasta y freírlos en la freidora con el aceite caliente. Escurrir y servir inmediatamente.

CRÊPES DE JAMÓN Y QUESO (83)

1/2 vaso de agua

1/2 vaso de leche

1/2 cucharadita de sal

2 huevos

75 gr de harina, aproximadamente

*S*e mezclan todos los ingredientes con un batidor (a esta masa se le puede echar una cucharadita de mantequilla fundida). Se engrasa una sartén, del tamaño que se quieran los crêpes, con un poco de mantequilla o aceite y a fuego medio se echa la masa correspondiente a un crêpe. Se extiende por toda la sartén y cuando se ha dorado por un lado se le da una vuelta en el aire y se deja dorar por el otro lado. Se sirven rellenos de una loncha de queso Gruyère y otra de jamón serrano.

MASAS Y FRITOS

PIZZAS (84)

Masa	Relleno
1/2 kg de harina de fuerza de panadería	tomate frito o natural
25 gr de levadura prensada	queso mozzarella
1 vaso de agua	champiñones fileteados
1/2 vaso de leche	jamón york en tiritas
1 chorreón de aceite de girasol	orégano
1 cucharadita de sal	

Se mezclan todos los ingredientes de la masa, trabajándolos hasta obtener una masa homogénea, que espolvoreamos con harina y dejamos reposar 30 minutos. Pasado este tiempo dividimos la masa en porciones, tantas como pizzas queramos, y hacemos las bases en forma circular. Colocamos encima el tomate, los champiñones, el jamón york, el orégano y por último el queso mozzarella. Meter al horno a 200 °C, aproximadamente, 15 minutos.

PAN, masa de (85)

1 huevo	1/2 kg de harina de fuerza
15 gr de mantequilla	1/2 cucharadita de sal
20 gr de levadura prensada	1 pizca de azúcar (optativo)
1 vaso de agua	

Se amasan todos los ingredientes, metiendo aire a la masa. Se deja subir 1 hora y se forman las piezas de pan, ayudándonos con harina o aceite. Se dejan subir 2 horas, se pintan con huevo batido y se meten en el horno a 225 °C durante 15 minutos. Si las piezas son grandes tardan un poco más en cocerse. Si no te sale la primera vez, sigue intentándolo y lo lograrás.

MASAS Y FRITOS

MASA BRISA O QUEBRADA (86)

150 gr de harina fina	4 cucharadas de agua
75 gr de mantequilla	1 pizca de sal
1 yema de huevo	

*S*e mezclan todos los ingredientes, sin amasar mucho para que no coja liga. Una vez que hemos conseguido una masa homogénea la dejamos reposar 20 minutos antes de usarla. Pasado este tiempo, se estira la masa con un rodillo hasta que tenga 1/2 cm de grosor y se forra un molde o un plato de pirex. Se mete al horno a 200 °C, aproximadamente 15 minutos.

Se utiliza para tartaletas, pasteles salados, quiches…

HOJALDRES DE SOBRASADA (87)

250 gr de masa de hojaldre congelado
150 gr de sobrasada, aproximadamente
1 huevo batido con un poco de vinagre

*U*na vez descongelado el hojaldre, se extiende con un rodillo, ayudándonos de harina para que el hojaldre no se nos pegue ni al rodillo, ni a la mesa. Cuando el hojaldre tiene 1/2 cm de grosor, lo dividimos en rectángulos, colocamos en cada uno un montoncito de sobrasada y lo cerramos haciendo un doblez. Pintamos los hojaldres con el huevo y los cocemos al horno 20 minutos a 200 °C (aproximadamente). Conviene dejar el horno abierto 5 minutos antes de sacar los pastelillos

MASAS Y FRITOS

PAVÍAS DE BACALAO (88)

Gacheta	1 vaso escaso de agua
100 gr de harina fina	200 gr de bacalao en tiritas, desalado en agua 24 horas, cambiándole el agua cada 8 horas
1/2 cucharadita de levadura en polvo	
1/2 cucharadita de sal	
1 puntita de colorante amarillo	

Se mezclan todos los ingredientes de la gacheta con un batidor y se deja reposar 10 minutos. Se pasa el bacalao por esta gacheta y se fríe en abundante aceite caliente. Se escurre y se sirve inmediatamente.

EMPAREDADOS (89)

Son sandwiches pequeños, generalmente de jamón y queso, que una vez hechos se pasan por huevo batido, pan rallado y se fríen en la freidora o en abundante aceite caliente. Se escurren y se sirven.

TOSTAS (90)

Son rebanadas de pan de molde a la que se le pone por encima una bechamel (puede ser de jamón, de pollo, de champiñones…), queso rallado y se mete en el horno a 200 ºC durante 10 minutos, para que se deshaga el queso y se dore la superficie.

HUEVOS

HUEVOS

Generalidades

Son un alimento de gran importancia, tanto por su valor nutritivo, como por sus múltiples aplicaciones culinarias.

Son un alimento esencialmente proteico, rico en grasas y carente de glúcidos. Es además fuente importante de fósforo.

El peso medio de un huevo es de 50 gr.

COMPOSICIÓN DE UN HUEVO

Proteínas	*6,7 %*
Lípidos	*6,2 %*
Glúcidos	*0,4 %*
Agua	*el resto*

Las proteínas del huevo, que se encuentran repartidas entre la yema y la clara, son de alto valor biológico y muy fáciles de digerir.

Las grasas saturadas, se encuentran en la yema e influirán en la digestibilidad del huevo.

El contenido en grasas hace que el huevo, y en concreto la yema, sea un alimento restringido en la dieta de algunas enfermedades.

La digestibilidad del huevo depende de la técnica de cocción que se le aplique. La tortilla francesa y los huevos con la clara semicoagulada son más digeribles que los huevos crudos, duros y fritos.

HUEVOS

¿Cómo se pueden cocinar?

La clasificación que se expone a continuación, no coincide exactamente con niveles profesionales, sin embargo se adecúa mucho a nuestras necesidades diarias.

LOS HUEVOS SE PUEDEN HACER:

1. Pasados por agua
2. Poch
3. Duros
4. Fritos
5. Escalfados

6. Plancha
7. Tortilla
8. Revueltos
9. Flan
10. Microondas

---

1. Huevos pasados por agua

Se pone a cocer agua con sal en un cazo y cuando comienza a hervir se echa con cuidado el huevo para que no se casque. Se deja cocer 3 minutos, se saca del agua y se sirve en huevera.

2. Huevos poch

También se llaman huevos a los 7 minutos.

Se pone a cocer agua con sal en un cazo y cuando hierva se echa con cuidado el huevo para que no se casque. Se deja cocer 7 minutos, se saca del agua y se introduce en agua fría para interrumpir la cocción. Se golpea suavemente el huevo sobre una mesa y se pela.

Están en su punto cuando la clara está cuajada y la yema líquida. Son unos huevos muy apreciados gastronómicamente.

HUEVOS

3. Huevos duros

Se pone agua con sal a cocer en un cazo y cuando comienza a hervir se introduce con cuidado el huevo para que no se casque. Se deja cocer de 13 a 15 minutos, se saca del agua y se pela. A veces se introduce el huevo en agua fría para evitar que se resquebraje; en este caso el tiempo de cocción debe ser menor, una vez que rompe a hervir.

4. Huevos fritos

Se fríen en abundante aceite caliente. Se casca el huevo, se echa en el aceite y se va recogiendo hacia dentro con una espumadera. Cuando está hecho se escurre y se sirve.

Se presentan sin sal y con un salero en la mesa.

Es importantísimo que los huevos estén muy frescos para obtener buenos resultados.

5. Huevos escalfados

En una sartén, mejor antiadherente, se pone agua a cocer con un chorreón de vinagre. Cuando rompe a hervir se baja el fuego, manteniendo una cocción lenta. Se casca el huevo y se deja cocer de 3 a 5 minutos hasta que se cuaje la clara y se mantenga líquida la yema. Se saca de la sartén con una espumadera y se pasa por un recipiente con agua fría, para interrumpir la cocción.

Se pueden presentar calientes o fríos.

6. Huevos a la plancha

Se engrasa una sartén pequeña con un poco de aceite. Cuando el aceite está caliente se baja el fuego. Se casca el huevo y después de echarlo en la sartén, se tapa. Tarda en hacerse de 3 a 5 minutos. Conviene vigilarlo durante su cocción para evitar que se queme por debajo y se quede crudo por arriba. Se sirve sin sal, con un salero en la mesa.

HUEVOS

7. Tortillas francesas

Se baten bien dos huevos y se sazonan con un poco de sal. Se engrasa una sartén pequeña con un poco de aceite y cuando está bien caliente, se baja el fuego y se echan los huevos, cubriendo toda la superficie de la sartén. Ayudándonos con una cuchara se va formando la tortilla.

Es importante la cantidad de aceite, pues si se echa de más, la tortilla queda aceitosa y si se echa de menos, se pega a la sartén.

8. Huevos revueltos

Se baten dos huevos y se sazonan con un poco de sal. Se engrasa una sartén con mantequilla y se echan los huevos. Con una cuchara de madera se va dando vueltas y se retira la sartén del fuego antes de que el huevo se haya cuajado del todo. Se suavizan mucho echándoles un chorreón de nata líquida.

9. Flan

Se baten dos huevos y se sazonan con un poco de sal. Se les añade un poco de leche y se meten en un cubilete engrasado al baño María, 10 minutos aproximadamente hasta que se cuaje. Se desmolda y se sirve. Generalmente no se hace un flan solo de huevo sino que suele llevar otros ingredientes que dan nombre al flan.
Un flan para 4 personas tarda en hacerse aproximadamente 30 minutos.

10. Microondas

No conviene hacer los huevos en el microondas y en el caso de que se hagan siempre hay que sacarlos unos minutos antes de terminar la cocciòn, pues se terminan de hacer fuera del microondas y con un tiempo de reposo.

HUEVOS

Recetas

Como se apreciará fácilmente, las recetas de los huevos hechas tradicionalmente, son para una persona y las elaboradas en el microondas, para 4 comensales.

HUEVOS A LA PLANCHA AMERICANOS (91)

2 cucharadas de aceite	1 loncha de bacon a la plancha
1 huevo	mostaza
3 salchichas de Frankfurt a la plancha	

*E*ngrasar una sartén individual con el aceite. Cascar el huevo y echarlo. Taparlo con una tapadera y dejar que se haga a fuego lento de 3 a 5 minutos. Servir con las salchichas y el bacon y acompañar de la mostaza.

HUEVOS AL PLATO DANESES (92)

1 huevo
tomate frito enlatado muy caliente
5 gr de orégano
20 gr de queso rallado
2 tiras de jamón serrano

*C*ubrir el fondo de una cazuela de barro individual con el tomate frito. Cascar el huevo encima. Colocar las tiras de jamón alrededor del huevo y espolvorear la superficie de la cazuelita con el queso y el orégano. No hace falta echar sal, pero si se prefiere, se puede echar una pizca. Meter al horno hasta que se cuaje la clara, aproximadamente 5 minutos.

HUEVOS

HUEVOS A LOS 7 MINUTOS ARANJUEZ (93)

1 huevo

1 loncha de jamón york

3 esparragos blancos

1 cucharada de mayonesa

1 cucharadita de sal

*P*oner a cocer agua con sal en un cazo. Cuando hierva se echa con cuidado el huevo y se deja cocer 7 minutos. Pasado este tiempo, se saca del cazo y se introduce en agua fría para interrumpir la cocción. Golpear suavemente el huevo sobre la mesa y pelarlo. Se envuelve en la loncha de jamón y se acompaña de los espárragos y la mayonesa.

HUEVOS DUROS CROQUETONES (94)

1 huevo

1 latita de atún en aceite

1/4 kg de tomate frito enlatado

1 cucharadita de sal

harina, huevo y pan rallado para empanar

*P*oner a cocer agua con sal en un cazo. Cuando hierve echar con cuidado el huevo y dejar cocer 13 minutos. Sacarlo, pelarlo y partirlo por la mitad. Mezclar la yema con un poco de atún y tomate frito. Empanar cada mitad por separado y freírlos en abundante aceite caliente. Se acompañan de tomate frito o de cualquier otra salsa.

HUEVOS

─── HUEVOS ESCALFADOS MONTADOS (95) ───

1 huevo

1 rodaja de pan de molde

1 rodaja de tomate

1 loncha de queso

1 cucharada de una salsa mayonesa o derivada. (Ver pág. 137)

lechuga para decorar

*P*oner en una sartén agua a cocer con un chorreón de vinagre. Cuando empiece a hervir se baja el fuego manteniendo una cocción lenta. Cascar el huevo y echarlo. Dejar cocer de 3 a 5 minutos hasta que esté hecha la clara y blanda la yema. Se sacan del agua y se presentan montados encima del pan, del tomate y del queso, cubiertos de mayonesa, y decorados con la lechuga.

─── HUEVOS FRITOS CON PATATAS FRITAS (96) ───

2 huevos

100 gr de patatas fritas a bastones.

*E*n una sartén calentar abundante aceite, a fuego medio. Cuando empieza a humear echar un huevo. Ir recogiendo la clara con una espumadera alrededor de la yema a la vez que vamos regando con el aceite todo el huevo. Cuando sube un poco a la superficie del aceite ya se puede sacar. No se le echa sal, lo correcto es servirlos con un salero. Se presentan con las patatas. Para que salgan bonitos deben ser muy frescos.

HUEVOS

HUEVOS PASADOS POR AGUA CASEROS (97)

1 huevo

1 rebanada de pan cortada a cuadraditos

1 loncha de jamón cortada a cuadraditos

1 cucharadita de sal

*P*oner a cocer agua con sal en un cazo. Cuando hierva se echa con cuidado el huevo. Dejar cocer 3 minutos. Servir en huevera acompañado de los cuadraditos de pan y de jamón.

REVUELTO DE CHAMPIÑONES (98)

2 huevos batidos con una pizca de sal

1 latita de champiñones

25 gr de mantequilla

1 cucharada de nata líquida o de leche

*D*erretir la mantequilla en una sartén y echar los huevos, los champiñones y la nata. Dar vueltas rápidas con una cuchara de madera y retirar antes de que se cuaje por completo el huevo. Debe resultar cremoso.

HUEVOS

TORTILLA DE PATATAS (99)

3 / 4 kg de patatas cortadas en láminas finas
6 huevos batidos con una pizca de sal
sal para sazonar las patatas
aceite

Se sazonan las patatas y se fríen en la freidora con el aceite no muy caliente. Una vez que las patatas están blandas, pero sin dorarse, se sacan de la freidora, se escurren y se mezclan con los huevos.

En una sartén antiadherente, se cubre el fondo con aceite, y cuando está caliente se echa la tortilla. Se mueve la sartén por el mango para que no se pegue, se baja el fuego y se deja que se vaya cuajando. Cuando se vea que está despegada y doratita por debajo, se le pone encima una tapadera y se vuelca la sartén. A continuación, se echa la tortilla en la sartén por el lado contrario para que se termine de hacer. Se vuelve a mover la sartén por el mango y cuando está cuajada se pasa al recipiente donde la vamos a servir.

HUEVOS

REVUELTO DE JAMÓN Y ESPÁRRAGOS (100)

MICROONDAS

8 huevos	100 gr de mantequilla
1/4 kg de espárragos blancos troceados	8 cucharadas de nata líquida
	perejil
100 gr de jamón troceado	1 cucharadita de sal

*B*atir los huevos y mezclar con la mantequila, la nata líquida, el perejil, la sal, los espárragos y el jamón. En una fuente refractaria meter en el microondas durante 1 ó 2 minutos. Sacar, mover y volver a meter durante 1 ó 2 minutos.

Adornar con triángulos de pan frito

FLAN DE CANGREJO (101)

MICROONDAS

8 huevos
200 gr de palitos de cangrejo
1 pimiento morrón (optativo)
8 cucharadas de leche
1/4 l de mayonesa
perejil, nuez moscada y sal

*H*acer una mezcla con los huevos batidos, la leche fría, la nuez moscada y la sal. Añadir los palitos desmenuzados, el pimiento morrón picado y el perejil.

Untar con mantequilla un recipiente alto y poner dentro la mezcla. Meter en el microondas durante 10 minutos. Sacar, dejar reposar y volver a meter durante otros 8 minutos, aproximadamente, hasta que se cuaje por completo.

Enfriar para desmoldar y acompañar con salsa mayonesa.

CARNE

CARNE

Generalidades

Con el nombre de carne, se designa el músculo de los animales utilizados como alimento por el hombre.

De gran valor nutritivo y gastronómico, la carne es un alimento esencialmente proteico.

> Composición media de 100 gr de carne
>
> | Proteínas | 10-20 % |
> | Grasas | 5-45 % |
> | Glúcidos | no tienen |

Se dice que una carne es de buena calidad cuando reúne una serie de características:

- ☐ *Buen sabor.*
- ☐ *Blandura de tejidos.*
- ☐ *Proporción adecuada entre la carne, huesos, tendones y nervios.*
- ☐ *Buena presentación.*
- ☐ *Ternura, dependiendo esto de la edad del animal.*

Las técnicas culinarias que se pueden aplicar a la carne son muy variadas, siendo unas más apropiadas que otras para cada pieza y cada animal. (ver apendice, pág. 219).

¿Cómo se puede cocinar?

Antes de seguir, quiero insistir en que a cada pieza de carne se le aplican unas técnicas culinarias concretas que están expuestas en el apéndice.

La buena elección de una carne y la forma de hacerla influirá decisivamente en el éxito del plato.

> Modos de hacer la carne:
>
> 1. Hervida
> 2. Asada
> 3. Guisada
> 4. Frita
> 5. Microondas

1. Carne hervida

Salvo casos excepcionales, como pueden ser las dietas terapéuticas, la carne no se suele cocinar hervida, pues tiene muy poco valor gastrónomico.

Generalmente cuando se hierve una carne lo que se pretende obtener es un buen caldo.

La carne se puede hervir en agua hirviendo con sal o mejor en un caldo previamente hecho.

Cuando lo que queremos hacer es un caldo sustancioso, se debe partir de agua fría para la cocción. En este caso, la carne resultante, que ha pasado todos sus nutrientes al caldo, queda muy infravalorada tanto desde un punto de vista dietético como gastronómico.

2. Carne asada

Se suelen asar piezas grandes, aunque nos podemos encontrar con algunas excepciones.

El tiempo de cocción depende del tipo y grosor de la carne, y se calcula unos 40 minutos por kilogramo.

CARNE

Antes de introducir la carne en el horno conviene pasarla por harina y dorarla en una sartén con un poco de aceite. A continución se coloca la carne en una bandeja de horno, directamente o sobre un lecho de verduras y se introduce en el horno, aproximadamente a unos 200-250 ºC. Una vez fuera del horno se deja enfriar y se corta.

Conviene hacerla de un día para otro, porque se parte con mucha más facilidad y cunde mucho más.

Se suele acompañar de alguna salsa.

3. Carne guisada

Se aplica para carne troceada, que generalmente suele ser de segunda categoría.

En una cazuela, se hace un sofrito con los ingredientes de la receta y se incorpora la carne cruda o previamente enharinada y dorada. Conviene que la carne se haya dorado antes porque esto da más calidad al plato y reduce el tiempo de cocción. A continuación se cubre el guiso con agua o caldo, se sazona y se deja cocer lentamente hasta que la carne se ablande.

Generalmente suele llevar algún tipo de vino.

4. Carne frita

Incluimos dentro de este apartado, la carne empanada y la carne a la plancha. El modo de freír la carne está especificado en las recetas correspondientes a: filetes a la plancha, hamburguesas y filetes empanados.

5. Carne al microondas

Para que las carnes guisadas en el microondas tengan apariencia de doradas hay que utilizar la bandeja doradora o bien hacer la carne con una salsa oscura, salsa de tomate, salsas concentradas comerciales, etc. Hoy día para dar color a la carne, el mercado ofrece diversísimas salsas ya preparadas: salsa Perrins, de tomate, soja, etc.

Para obtener una cocción homogénea, es necesario darle la vuelta a los asados a media cocción.

CARNE

Recetas

ALBÓNDIGAS CON SALSA DE TOMATE (102)

300 gr de carne picada de cerdo	1/2 kg de salsa de tomate, mejor hecho en casa (Ver rec. n.º 154)
300 gr de carne picada de ternera	Optativo:
1 cucharadita de sal	1 cucharadita de salsa de tomate, 1/2 cebolla estofada picadita, 1 rebanada de pan mojada en leche, un chorreón de nata...
1/2 pastilla de caldo de pollo	
1/2 vasito de vino	
1 huevo	

*M*ezclar todos los ingredientes incluyendo los optativos que se quiera menos el 1/2 kg de salsa de tomate. Hacer bolas, pasarlas por harina y freírlas en la freidora o con abundante aceite caliente a fuego medio para que se hagan por dentro. Escurrir y reservar.

En una cazuela calentar la salsa de tomate y añadir las albóndigas, dejándolas cocer en la salsa 10 minutos.

CARNE GUISADA CON CERVEZA EN LA OLLA EXPRÉS (103)

3/4 kg de carne de guiso troceada	1/4 l de agua, aprox.
2 cebollas peladas y partidas en juliana	1 cucharada rasa de sal
2 dientes de ajo picaditos	1 chorreón de aceite
1 botellín de cerveza	1 cucharada de harina

*P*oner todos los ingredientes en crudo en la olla exprés y cuando empiece a hervir contar 20 minutos. Abrir la olla y dejar que cueza un poco más, hasta que se ablande la carne, añadiendo un poco más de agua, si hiciera falta.

Si se quiere, se puede espesar la salsa con maizena exprés.

CARNE

BABILLA ASADA A LA CREMA (104)

1 babilla de 1/2 kg	1 chorreón de nata líquida
2 copas de coñac	aceite para untar la babilla
1/2 vaso de agua para regar durante la cocción	1 cucharada rasa de sal

Untar la carne con un poco de aceite y meterla en una bandeja en el horno a 225 °C. Pasada media hora se sazona con la sal y se riega con el coñac. Si lo va necesitando se riega con agua mientras dura la cocción. Pasada 1 hora se comprueba si está hecha y en ese caso se saca del horno, se deja enfriar y se corta.

El jugo de la carne se cuela y se le añade un chorreón de nata. Se presenta acompañada de verduras o patatas fritas con la salsa por encima.

Conviene hacerla el día anterior a utilizarla.

FILETES EMPANADOS (105)

1) ternera (babilla)
2) cerdo (lomo, magro, libros, chuletas)
3) pollo (filetes de pechuga)

Limpiar los filetes como se indica en la receta n.º 113 correspondiente a filetes a la plancha. Sazonarlos y aliñarlos con sal, pimienta blanca y zumo de limón. Pasarlos por harina, huevo y pan rallado. Freírlos en la freidora o en abundante aceite caliente. Escurrir y servir.

CARNE

CARNE GUISADA CON CERVEZA (106)

3/4 kg carne de guiso (falda, pecho, magro de cerdo...) troceada, sazonada con sal, pasada por harina y dorada en la freidora

2 cebollas, peladas y partidas en juliana

2 dientes de ajo

1 botellín de cerveza

1/4 l de agua

1 cucharadita de sal

En una cazuela se echa medio vasito de aceite y, a fuego medio, se refríen los ajos y las cebollas. A continuación se incorpora la carne, que se rehoga unos minutos con el sofrito hasta que se dore. Se sazona con la sal. Por último se añade la cerveza y se termina de cubrir con el agua. Se deja cocer a fuego lento hasta que la carne esté tierna.

Si es necesario se puede añadir cerveza o agua durante la cocción. Rectificar de sal.

HAMBURGUESAS (107)
(de ternera, de pollo o de cerdo)

1/2 kg de carne picada a elegir

1 huevo batido

1 rebanada de miga de pan remojadas en leche

1 cucharadita de sal

1 chorreón de vino blanco

Mezclar todos los ingredientes y formar las hamburguesas. Freír en una parrilla o sartén con un poco de aceite. Si la hamburguesa es fina, se hace a fuego vivo y si es gruesa, a fuego medio para evitar que quede cruda por dentro.

CARNE

CARNE A LA VILLAROY (108)

4 filetes ya hechos, de carne o pollo (se pueden utilizar restos de carne asada o cocida)

100 gr de mantequilla

100 gr de harina

1/2 l de leche

1 cucharadita de sal

1 puntita de nuez moscada

Para empanar:

Harina, huevo y pan rallado

*H*acer una bechamel (ver rec. n.º 152) y dejar cocer al menos 10 minutos a fuego lento para que no se pegue. Con unas pinzas se van pasando los filetes por la bechamel de modo que queden totalmente cubiertos. Se dejan los filetes en una bandeja untada con aceite y una vez que la bechamel se haya enfriado, se pasan por harina, huevo y pan rallado y se fríen en la freidora o con abundante aceite muy caliente. Escurrir y servir acompañados de una ensalada.

PECHUGAS AL WHISKY (109)

4 pechugas de pollo sazonadas, pasadas por harina y doradas en la freidora a temperatura media, con el fin de que se hagan casi del todo

4 cucharadas de whisky

1 lata de champiñones fileteados de 1/2 kg, macerados en el whisky

1 cucharadita de sal

1 vaso de nata líquida

*U*na vez doradas las pechugas, las reservamos. Aparte, en una cazuela, poner a calentar la nata, los champiñones, el whisky y la sal. Añadir las pechugas y dejar cocer todo junto al menos durante 10 minutos, para que se terminen de hacer las pechugas. Se presentan en fuente honda cspolvorcadas de perejil seco.

CARNE

CARNE DE LOMO ASADA (110)

1 cinta de lomo de cerdo de 3/4 kg	1 vaso de vino blanco
1 cebolla a cascos	1 cucharada rasa de sal
3 dientes de ajo	1 cucharadita de azúcar
2 manzanas a cascos	

En una lata de horno, colocamos la cebolla, los ajos y las manzanas. Colocamos la carne encima, la sazonamos con la sal y el azúcar y la metemos al horno a 225 °C durante 1 hora aproximadamente. A mitad de cocción se riega con el vino y con un poco de agua. Se saca del horno, se deja enfriar y se corta.

Con los ingredientes que hemos utilizado para hacer el lomo, hacemos ahora la salsa: se trituran con la minipimer y se pasan por el colador chino. Esta salsa del lomo, se pone en una salsera. Se puede acompañar también de puré de manzana (ver rec. n.º 21 de Repostería).

CORDERO CON SALSA DE MAMÁ (111)

1 pierna de cordero	Para la salsa:
1 cucharadita de sal	6 dientes de ajo muy picaditos, perejil picado, medio vasito de aceite, 1 vaso de vinagre y sal

Mojar el cordero con agua y meterlo al horno a 200 °C durante 1/2 hora. Sazonar con sal y seguir la cocción aproximadamente 1 hora más (si el cordero es lechal, necesita menos tiempo). Sacar del horno y servir compañado de la salsa.

Salsa: Calentar en una sartén el aceite con 1 diente de ajo. Aparte se maja el resto de los ajos con el perejil, la sal y el vinagre. Se añade el aceite y se dejan hervir unos cinco minutos.

CARNE

DELICIAS DE SOLOMILLO LUTGARDO (112)

Solomillo de ternera o cerdo (3 trocitos por persona)

Si es solomillo de ternera se divide en 3 trozos un bistec y si es de cerdo se cortan 3 trozos de 2 cm por persona

Salsa:
1 cebolla picadita, 10 almendras crudas picadas, medio vasito de coñac 1/2 vaso de nata líquida, 1 cucharadita de sal, 4 cucharadas de aceite y 1 vaso de agua

Se sazonan las delicias de carne con sal y pimienta y se pasan por harina y por huevo. Se fríen en la freidora o con abundante aceite a fuego medio para que se hagan por dentro. Se reservan. Aparte, se refríe en una cazuela el aceite con la cebolla 10 minutos, hasta que se haga y a continuaciòn se añaden las almendras hasta que se doren. Por último se sazona y se le añade el agua, la nata y el coñac. Se deja cocer 5 minutos y se pasa esta salsa por la minipimer. Se incorporan las delicias y se deja cocer todo junto durante 10 minutos a fuego lento para que el guiso se trabe. Si está la salsa muy espesa se puede añadir un poco más de líquido. Se acompañan de patatas fritas

FILETES A LA PLANCHA (113)

1) *Ternera* (solomillo, chuleta, o babilla).
Se limpia de grasa y se cortan los nervios que atraviesan al filete. Se cubre el fondo de una parrilla con aceite y se pone a fuego vivo. Cuando el aceite está caliente se pone el filete sobre la parrilla hasta que está casi hecho. Se le da la vuelta, se sazona y yá está listo para servir. A medida que el filete sea más grueso, el fuego debe ser mas bajo para evitar que se queme por fuera y quede crudo por dentro.
2) *Cerdo* (solomillo, lomo, chuletas, jamón).
Se limpian de grasa y se da un corte a los nervios que atraviesen el filete. Se puede aderezar con limón o ajo y se sazonan antes de echarlos a la parrilla. Se fríen igual que la ternera.
3) *Pollo* (filetes de pechuga).
Se tratan desde el principio hasta el final como el cerdo.

CAR

JAMÓN A LA PIÑA (114)

1 pata de cerdo deshuesada de 3/4 kg. (aprox.)
50 gr de azúcar
Adobo:
1/2 cebolla a cascos, 1/2 zahahoria troceada, 1 diente de ajo, 1 vasito de vino blanco, medio vasito de vinagre, medio vasito de aceite, 1 hoja de laurel, 5 clavos, 1 cucharadita de pimienta y 1 cucharada de sal
Poner la noche anterior la carne en el adobo

*S*acar la carne del adobo y meterla en el horno a 225° C durante 1 hora, envuelta en papel de aluminio, con los clavos pinchados y sobre los ingredientes del adobo. Pasado este tiempo sacarla del horno, quitarle el papel de aluminio, cubrirla con el azúcar y volver a meter en el horno para que se dore, aproximadamente 15 minutos más. Se deja enfriar y se corta.

Se presenta con rodajas de piña en almíbar. Si se quiere se le puede hacer una salsa aparte, triturando los ingredientes del adobo.

PECHUGA DE PAVO RELLENA (115)

1 pechuga de pavo de 1/2 kg (aproximadamente)	*100 gr de espinacas congeladas cocidas con sal*
2 huevos duros partidos en cascos	*1 cucharadita de sal*
2 lonchas de jamón york	*1 huevo crudo, batido*

*A*brir la pechuga por la mitad para que nos quede más extendida y sazonarla con la sal. Untarla con el huevo batido. Poner encima las lonchas de jamón, las espinacas y los huevos. Enrollar la pechuga y envolverla en papel de alumnio. Meter en el horno a 225 °C durante 3/4 de hora aproximadamente. Durante la cocción se puede regar con agua o con vino. Cuando sale del horno, le colocamos encima algo de peso para prensarla hasta que se enfríe. Se corta y se presenta como un fiambre.

—— POLLO ASADO (116) ——

1 p...	*1 limón*
1 cucharada rasa de sal	*2 vasos de vino*
1 pastilla de caldo de pollo	

$\mathcal{L}$impiar el pollo, sazonar con la sal y la pastilla de caldo y meterle en el interior 1 limón partido por la mitad. Colocarlo sobre una fuente y meter al horno a 225 °C durante 2 horas aproximadamente, (hasta que la carne se separe con facilidad de los huesos). Durante la cocción se va regando con el vino y si hiciera falta con un poco de agua.

Se saca del horno, se trocea en 4 partes y se sirve con el jugo que haya soltado en la cocción. Se puede presentar con manzanas asadas.

——POLLO A LA JARDINERA (117)——

1 pollo troceado en ocho partes y sazonado con sal	*1 cucharadita de romero*
	1 cucharadita de sal
1 cebolla partida en juliana	*1 pastilla de caldo de pollo*
2 zanahorias peladas y partidas a rodajitas	*1 vaso de vino blanco*
	1 vaso de agua
1 cucharadita de tomillo	

$\mathcal{E}$n una lata de horno se ponen las zanahorias, la cebolla, el tomillo y el romero. Se coloca encima el pollo y se sazona todo con la sal y la pastilla de caldo. Se mete en el horno a 225 °C durante 1 hora, aproximadamente. Durante la cocción se va regando con el vino y si fuera necesario con un poco más de agua. Se sirve en cazuela de barro, con patatas fritas alrededor.

CARNE

POLLO EN PEPITORIA (118)

1 pollo troceado en ocho partes	1 diente de ajo picado
1/2 vasito de vino fino	1/4 l de agua, como mínimo
1 yema de huevo duro disuelta en un poco de agua	1 cucharadita de sal
1 clara de huevo duro picadita	1 pastilla de caldo de pollo
12 almendras crudas trituradas	1 hoja de laurel
1/2 cebolla mediana finamente picada	perejil picado
	6 cucharadas de aceite

Se sazona el pollo, se pasa por harina y se dora en la freidora. Se reserva.

En una cazuela se echa el aceite y se fríen a fuego lento el ajo y la cebolla aproximadamente 10 minutos. A continuación se echan las almendras y el pollo. Se deja unos minutos que se rehogue todo junto y se añade el vino y el agua. Se sazona con la sal y la pastilla de caldo. Se incorpora la hoja de laurel y la yema, dejando cocer el guiso 15 minutos aproximadamente a fuego lento. Se decora con las claras de huevo y perejil.

TARRINA DE PECHUGA CON ESPÁRRAGOS (119)

800 gr de pechuga de pollo picada	1 vaso de nata líquida
1 huevo	1/2 vasito de coñac
20 puntas de espárragos trigueros de lata	1 cucharada rasa de sal

Mezclar todos los ingredientes y rellenar un molde alargado. Meter en el horno a 225 °C, al baño María durante 1 hora, aproximadamente. Sacar del horno y prensar colocándole encima algo de peso, hasta que se enfríe. Cortar y servir acompañada de espárragos.

CARNE

POLLO TRUFADO (120)

INGREDIENTES PARA 12 PERSONAS

1 pollo deshuesado
300 gr de pechuga de pollo picada
200 gr de carne picada de ternera
250 gr de carne picada de cerdo
2 pechugas de pollo cortadas en tiras
1 loncha de 1/2 cm de grosor de jamón serrano cortada en tiras
1 vasito de coñac
2 huevos
1 cucharada de sal
1 pastilla de caldo de pollo

Optativo:

1 trufa picadita, pistachos, un refrito de cebolla, un refrito de almendras trituradas, 1 cucharada de salsa de tomate, pimienta...)

*M*ezclar las carnes picadas y aliñarlas con los huevos, el coñac, la sal, la pastilla de caldo y lo que se quiera optativamente. Rellenar el pollo con esta carne, las tiras de pechuga y las tiras de jamón. Si hace falta se cose y si no, simplemente se envuelve en papel de aluminio y se mete al horno a 225 ºC aproximadamente 2 horas. Durante la cocción se va regando con agua o vino y casi al final se quita el papel para que se dore por fuera. Cuando lo sacamos del horno le ponemos encima algo de peso para prensarlo hasta que se enfríe y se corta.

Hay que hacerlo el día anterior. Se presenta con huevo hilado.

CARNE

REDONDO DE TERNERA ASADO (121)

1 redondo de 1/2 kg (aprox.)	1 cucharada rasa de sal
1 cebolla troceada	1 vaso de vino blanco
2 zanahorias troceadas	1 vaso de agua
3 dientes de ajo	

En una bandeja de horno ponemos la cebolla, los ajos y las zanahorias. Colocamos el redondo encima y lo metemos en el horno a 200 °C durante 1/2 hora. Pasado este tiempo, se sazona con la sal, y se riega con el vino y el agua. Se deja en el horno 1/2 hora más, aproximadamente. Se saca del horno, se deja enfriar y se corta.

Con el resto de los ingredientes se hace la salsa, triturándolos con la minipimer y si es posible pasándolos por el colador chino. Se puede presentar con verduras y patatas asadas.

TARRINA DE CARNE (122)

750 gr de carne picada de cerdo o ternera	1/2 vaso de vino blanco
2 huevos	1 cucharada de sal
1/4 l de de leche	5 lonchas de bacon para forrar el molde

Mezclar todos los ingredientes y rellenar un molde alargado, que previamente hemos forrado con el bacon. Meter en el horno a 225 °C durante 1 hora. Sacar del horno, prensar la carne durante la noche, colocándole encima algo de peso y partir al día siguiente. Presentar con champiñones al ajillo.

CARNE

FILETES CON CHAMPIÑONES (123)

MICROONDAS

4 filetes de ternera	4 cucharadas de vino blanco
1/4 kg de champiñones	1 yogur
1/2 cebolla picadita	6 cucharadas de aceite
8 cucharadas de tomate frito enlatado	1 cucharadita de sal

Meter los filetes pasados por aceite para que se doren 1 minuto por cada lado.

En una fuente poner la cebolla, el aceite, los champiñones, el tomate frito y el vino blanco. Meter en el microondas 8 minutos. Sacar, mover, colocar la carne y volver a meter 5 minutos. Fuera del microondas añadir el yogur natural batido.

CHULETAS DE CORDERO AL ROQUEFORT (124)

MICROONDAS

3/4 kg de chuletas de cordero	1 vaso de leche
150 gr de queso Roquefort	1 cucharada de harina
50 gr de mantequilla	1 cucharadita de sal
8 cucharadas de agua	

Poner las chuletas pasadas por aceite 1 minuto en el microondas por cada lado, hasta que se hagan del todo.

La salsa se hace poniendo en una fuente el queso, la mantequilla, la leche, la sal y la harina disuelta en el agua. Meter al microondas 5 minutos, mover y volver a meter 2 minutos. En una fuente se colocan las chuletas con un poco de salsa por encima y el resto se sirve en salsera.

CARNE

CARNE CARBONARA (125)

MICROONDAS

1/2 kg de carne de guiso troceada	1 cucharada de tomate frito enlatado
1/4 kg de champiñones de lata	1/2 cebolla picadita
1 vasito de vino tinto	6 cucharadas de aceite
1/4 l de agua	1 cucharadita de sal
50 gr de almendras crudas molidas	1/2 pastilla de caldo de pollo
	1 cucharada de harina

$\mathscr{P}$oner los trozos de carne para que se doren por los dos lados 2 minutos en el microondas, pasados por aceite. Reservar.

En una fuente se pone la cebolla, el aceite, las almendras, el tomate frito con un poco del agua y se cuece en el microondas 10 minutos. Se saca, se mueve y se añade la carne, la sal, la $^1/_2$ pastilla de caldo, la harina disuelta en el agua y el vino. Volver a meter 7 minutos, comprobando que está hecha.

BABILLA ASADA (126)

MICROONDAS

1 kg de babilla	4 cucharadas de aceite
1 tomate a cuadraditos	1 vaso de vino blanco
1 cebolla picada	1 cucharadita de sal
2 dientes de ajo picados	1/2 pastilla de caldo de pollo
1 vaso de agua	

$\mathscr{E}$n una fuente se ponen todos los ingredientes y se meten al microondas 15 minutos, sacar, mover la salsa y darle la vuelta a la carnc. Volver a meter 25 minutos, aproximadamente. Comprobar que la babilla está hecha, pinchándola. Servir con la salsa y acompañada de patatas fritas.

CARNE

CHULETAS DE CERDO CON MANZANA (127)

MICROONDAS

4 chuletas de cerdo	8 cucharadas de nata líquida
2 manzanas	1 cucharada de mantequilla
1/4 l de sidra	4 cucharadas de aceite
2 cucharadas de azúcar	1 cucharadita de sal

Poner las chuletas con el aceite y la sal en el microondas 1 minuto, por cada lado. Reservar.

En una fuente se ponen las manzanas peladas y partidas a rodajas, la mantequilla, el azúcar y la sidra. Meter en el microondas 2 minutos. Sacar, mover y colocar las chuletas cubiertas con las manzanas. Volver a meter al microondas 3 minutos. Triturar las manzanas con la nata y hacer un puré. Servir las chuletas acompañadas de este puré.

LOMO DE CERDO CON LECHE (128)

MICROONDAS

3/4 kg de lomo de cerdo fresco	1 cucharada de harina
50 gr de mantequilla	3 vasos de leche
100 gr de almendras crudas picada	1 cucharadita de sal
	4 cucharadas de aceite

Dorar el lomo con el aceite en el microondas 2 minutos. Colocar el lomo en una fuente con la mantequilla, las almendras, la harina disuelta en la leche y la sal. Meter al microondas 15 minutos. Sacar, mover la salsa y darle la vuelta al lomo. Volver a meter 8 minutos, aproximadamente, comprobando que el lomo está hecho. Servir la carne cortada con la salsa bien batida por encima, acompañada de patatas al vapor.

POLLO CON CERVEZA (129)

MICROONDAS

1 pollo troceado en ocho partes	1/4 de cerveza y un poco de agua
1 cebolla picadita	1 cucharadita de sal
3 dientes de ajo picaditos	1 pastilla de caldo de pollo
4 cucharadas de aceite	

*D*orar los trozos de pollo 2 minutos con el aceite, en el microondas. Añadir los ajos picados, la cebolla, la sal, la pastilla de caldo, la cerveza y la harina disuelta en un poco de agua. Meter en el microondas 10 minutos, sacar, mover la salsa y darle la vuelta al pollo. Meter 5 minutos. Servir acompañado de pimientos fritos.

JAMÓN YORK AL JEREZ (130)

MICROONDAS

4 lonchas grandes de jamón york	1/4 l de vino de Jerez
40 gr de mantequilla	Maizena
	sal

*E*n una fuente refractaria, colocar las lonchas de jamón, sazonadas con muy poca sal y pasadas por la Maizena, añadir la mantequilla derretida y el vino. Meter al microondas 3 minutos, sacar, mover y volver a meter 2 minutos. Se puede presentar acompañado de puré de patatas.

PESCADOS Y MARISCOS

PESCADOS Y MARISCOS

Generalidades

Es uno de los alimentos más nutritivos y sabrosos. Sus proteínas son de un alto valor biológico y su contenido en sales minerales es importante ya que constituye un aporte considerable de fósforo, magnesio, sodio y potasio.

El nutriente más variable es la grasa, y en este sentido distinguimos pescados magros o blancos y pescados grasos o azules. La grasa del pescado no es saturada por lo que lo hace apto para regímenes de colesterol. Los pescados grasos son de difícil digestión mientras que los magros son muy fácilmente digeribles.

Son blancos: el gallo, abadejo, bacalao, lenguado, lubina, rape, merluza, pescadilla y rodaballo.

Son azules: el salmón, atún, bonito, besugo, boquerón, salmonete, sardina, caballa...

COMPOSICIÓN DE 100 GR DE PESCADO

Proteínas	*14-20 %*
Grasas	*0,5-15 %*
Glúcidos	*carecen*

¿Cómo se pueden cocinar?

El pescado admite todas las técnicas de cocción, pero unas técnicas son más apropiadas que otras dependiendo de las distintas especies de pescados, para elegir bien te aconsejo que repases el apéndice (pág. 218).

PESCADOS Y MARISCOS

MODOS DE HACER EL PESCADO:

1. *Hervido*
2. *Asado*
3. *Guisado*
4. *Frito*
5. *Microondas*

1. Pescado hervido

Se hace un caldo corto, que consiste en poner agua a hervir con sal, limón y algunas verduras, como por ejemplo: cebolla, zanahoria, puerro y laurel.

Se deja cocer 20 minutos y se introduce el pescado. Se deja hervir el tiempo necesario dependiendo del grosor del pescado, y una vez hervido se sirve con un poco de su propio caldo. Resulta un pescado muy digerible, por lo que se suele utilizar en dietas terapéuticas.

Si se quiere cocer el pescado simplemente en agua, hay que partir siempre de agua hirviendo.

2. Pescado asado

Se suelen asar piezas grandes, generalmente de gran calidad.

El tiempo mínimo del asado suele ser 30 minutos por kilogramo de peso. En una fuente de horno se coloca el pescado, bien directamente o sobre un lecho de verduras. Se riega con un poco de grasa, de agua y de vino y se introduce en el horno el tiempo preciso para su cocción.

3. Pescado guisado

El pescado que utilicemos para guisar debe estar troceado.
En una cazuela se hace un sofrito con los ingredientes de la receta y se incorpora el pescado, bien crudo o enharinado y dorado previamente (este último modo hace que el guiso esté mejor gastrónomicamente y que tarde

PESCADOS Y MARISCOS

menos en hacerse). Se da unas vueltas al pescado con el sofrito, se cubre de agua o caldo de pescado y se sazona. Por último, se deja cocer a fuego lento, hasta que se haga. Si se desea se puede añadir a media cocción un poco de vino.

4. Pescado frito

El modo de freír el pescado está especificado en las recetas correspondientes a: "Gambas con gabardina", "Calamares fritos", "Cazón en adobo", "Merluza rebozada" y "Salmonetes fritos".

5. Pescado al microondas

Si se hacen filetes de merluza, lenguado, gallo, etc, hay que ponerlos en el microondas de manera que tengan un grosor uniforme ya que si son más estrechos por las puntas, éstas se suelen doblar hacia dentro.

Si es un pescado grande para evitar que la cola se queme se puede envolver en papel.

En los pescados que tengan la piel grasa como el besugo, la lubina y la dorada conviene pincharlos por varios sitios para que salga el vapor del interior.

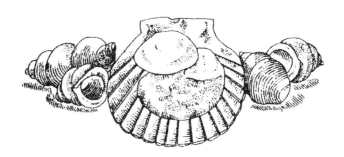

PESCADOS Y MARISCOS

Recetas

ALMEJAS A LA MARINERA (131)

1/2 kg de almejas (se limpian bajo el chorro de agua fría, frotándolas bien para que suelten toda la arena)	1 cucharada de pan rallado o harina
	1 cucharadita de sal
1/2 cebolla muy picadita	1/2 de vasito de vino de Jerez
4 dientes de ajo muy picaditos	4 cucharadas de aceite de oliva
	1 ramita de perejil picado

Cubrir el fondo de una cazuela con el aceite y a fuego medio dorar los ajos. A continuación echar la cebolla y dejar que se haga totalmente. Añadir las almejas, subir el fuego, tapar la cazuela y dejar unos 4 minutos para que se abran las almejas, cuidando de que no se queme la cebolla. A continuación se echa el perejil y el pan rallado. Se dan unas vueltas y se añade el vino y un poco de agua. Se deja cocer 5 minutos y se sazona.

ATÚN EN TOMATE (132)

3/4 kg de atún fresco troceado	1 hoja de laurel
4 tomates rallados	1 vaso de agua
2 cebollas picaditas en juliana	1 cucharadita de sal
3 dientes de ajo picaditos	6 cucharadas de aceite

Sazonar el atún, pasarlo por harina y dorarlo en la freidora. Escurrir y reservar. En una cazuela se echa el aceite, los ajos y las cebollas y se fríen 10 minutos. A continuación se añade el tomate, el laurel y se deja otros 20 minutos a fuego medio. Se incorpora el atún, se da unas vueltas y se echa el agua; se sazona y se deja cocer a fuego lento aproximadamente 10 minutos, comprobando que el atún está hecho. Si hace falta se le puede echar un poco de agua durante la cocción.

PESCADOS Y MARISCOS

BACALAO GUISADO (133)

3/4 kg de bacalao (se desala, dejándolo en remojo 24 horas y cambiándole el agua al menos 3 veces)	2 cebollas partidas a cuadraditos
	4 dientes de ajos picaditos
8 cucharadas de salsa de tomate	1 rebanada de pan frito
2 pimientos partidos a cuadraditos	1 cucharadita de pimentón
	1 vaso de agua

En un cazo con agua fría se pone el bacalao y en el momento en que empieza a hervir se retira del fuego. En una cazuela se echa el aceite y a continuación los ajos, las cebollas y los pimientos. Se deja cocer este sofrito 10 minutos a fuego medio y pasado este tiempo se tritura con la minipimer junto con la rebanada de pan frito, la salsa de tomate, y un vaso de agua. Se echa esta salsa en la cazuela y se incorpora el bacalao y el pimentón. Se mueve la cazuela con movimientos de vaivén hasta que el bacalao esté hecho, aproximadamente 10 minutos. Si durante la cocción se ve necesario, se añade un poco más de agua. Hay que probarlo para ver si necesita sal o si es suficiente con la del bacalao.

BESUGO AL HORNO (134)

1 besugo de 1 kg (se descama, se vacía y se le cortan las agallas)	2 tomates a ruedas
	3 dientes de ajo a láminas
2 patatas peladas y partidas a ruedas finas	1 vasito de vino blanco
	1 cucharada de sal
1 cebolla pelada y partida en juliana	

Freír en la freidora a baja temperatura las patatas y las cebollas sin llegar a hacerlas del todo. Colocarlas en una fuente de horno junto con los tomates y los ajos. Poner encima el besugo y sazonarlo. Meter al horno a 200 °C durante 40 minutos. Durante la cocción se va regando con el vino y si fuera necesario se añadiría un poco de agua. Servir en una fuente con el lecho de verduras.

PESCADOS Y MARISCOS

CALAMARES EN SU TINTA (135)

1 kg de calamares (limpios y troceados)	2 cucharadas de pan rallado
1 cebolla picada	6 cucharadas de aceite
2 dientes de ajo picados	1 cucharadita de sal
2 cucharadas de salsa de tomate	2 bolsitas de tinta, aprox.
1 vaso de vino blanco	1 ramita de perejil picado
1 vaso de agua	

En una cazuela se echa el aceite y se doran los ajos; a continuación se fríe la cebolla 10 minutos y se incorpora el tomate. Se añaden los calamares y por último se echa la tinta mezclada con el vino y con el pan rallado. Dejar cocer hasta que los calamares estén tiernos, aproximadamente 1 hora. Si es necesario se puede ir añadiendo más agua durante la cocción.

CALAMARES FRITOS (136)

3/4 kg de calamares	limón
aceite	sal

Limpieza: Se separa el cuerpo de los tentáculos. Se limpia el cuerpo por dentro, se le quitan las aletas y si tuviera, la piel. Se le quita también el pico que está pegado a los tentáculos.

Si se quieren ablandar se meten en leche. En el momento de freírlos se les echa la sal y el limón, no antes porque se endurecen. Los tipos de fritura son:

A la andaluza: Pasarlos por harina mezclada con un poco de pan rallado.

A la romana: Pasarlos por harina y huevo.

Se fríen en freidora o en abundante aceite caliente hasta que se doren.

PESCADOS Y MARISCOS

CAZÓN EN ADOBO (137)

3/4 kg de cazón fresco
Adobo: *1 vaso de vinagre, 1 cucharadita de sal, 1 cucharadita de pimentón y 1 cucharadita de orégano*

Se trocea el cazón y se deja 2 días en el adobo. Pasado este tiempo se escurre, se pasa por harina y se fríe en la freidora o en abundante aceite caliente hasta que se dore.

GAMBAS A LA PLANCHA (138)

3/4 kg de gambas
sal
aceite de oliva

En una plancha o sartén se pone el aceite mínimo para cubrir el fondo y cuando está caliente, se echan las gambas con bastante sal (puede ser fina o gorda). A fuego vivo se van moviendo las gambas hasta que se hacen, aproximadamente 3 minutos. No conviene hacer muchas de una vez. Servir muy calientes.

PESCADOS Y MARISCOS

GAMBAS CON GABARDINA (139)

3/4 kg de gambas peladas con cola
Gacheta:
100 gr de harina
1 cucharadita de sal (de las de café)
1 puntita de colorante amarillo
1 vasito de agua, aprox.
1 cucharadita de levadura en polvo

Hacer la gacheta mezclando todos los ingredientes y dejar reposar 10 minutos. Pasar las gambas por la gacheta y freír en abundante aceite caliente. Escurrir y servir muy calientes.

LANGOSTINOS COCIDOS (140)

3/4 kg de langostinos
1 l de agua hirviendo con una hoja de laurel y 2 cucharadas rasas de sal.
Salmuera: hielos o agua muy fría con abundante sal

Echar los langostinos en el agua hirviendo y dejarlos cocer hasta que suban a la superficie, aproximadamente 5 minutos. Escurrirlos y echarlos en la salmuera antes de servirlos.

PESCADOS Y MARISCOS

MERLUZA COCIDA CON MAYONESA (141)

1 cola de merluza de 1 kg	1 cucharada rasa de sal
1 cebolla a cascos	1/2 limón
1 zanahoria troceada	1 patata a cascos
1 tomate a cascos	2 l de agua fría, aprox.
1 hoja de laurel	

*P*oner a cocer todos los ingredientes en una cazuela durante 1/2 hora, excepto el pescado. Pasado este tiempo, bajar el fuego, introducir la cola de merluza en el caldo de verduras (se llama caldo corto) y cocer durante 30 minutos. Dejar que se enfríe en el caldo corto y servir cubierta de mayonesa y acompañada de una vinagreta. (Ver rec. n.º 157 y 160).

MERLUZA REBOZADA (142)
(o cualquier pescado blanco)

4 rodajas de merluza (puede ser congelada)
sal
zumo de limón
harina y huevo batido para rebozar la merluza

*U*na vez descongeladas, se aderezan las rodajas con la sal y el limón. Se pasan por harina, después por el huevo y se fríen en freidora o en abundante aceite caliente hasta que se doren por fuera y se hagan por dentro. Se escurren y se sirvan.
Pueden acompañarse de ensalada y mayonesa.

PESCADOS Y MARISCOS

MERO GUISADO CON LANGOSTINOS (143)

4 filetes de mero de 200 gr
100 gr de langostinos crudos (pelados)
caldo de langostinos*
1 chorreón de vino blanco
1 cebolla picadita
3 dientes de ajo picaditos
1 cucharadita de sal
2 tomates rallados
1 ramita de perejil picado
6 cucharadas de aceite de oliva

Se sazona el mero con sal. Se pasa por harina y se dora en la freidora o con abundante aceite. Se escurre y se reserva.

En una cazuela se echa el aceite y se doran los ajos, a continuación se echa la cebolla y se deja hacer a fuego medio 10 minutos. Se añade el tomate y se deja que se haga 5 minutos más. Por último se añade el perejil, el caldo de los langostinos y el vino y se deja cocer otros 5 minutos. Pasar esta salsa por la minipimer, sazonarla con la sal e incorporar el pescado. Dejar cocer 5 minutos a fuego lento, añadir los langostinos y dejar cocer otros 5 minutos. Si hiciera falta se puede añadir un poco de agua durante la cocción.

* El caldo se hace hirviendo 10 minutos las cáscaras de los langostinos con 2 vasos de agua, 1 hoja de laurel y 1 cucharadita de sal.

PESCADOS Y MARISCOS

MOLDE DE PESCADO (144)

1/2 kg de pescado blanco (sin raspa y cocido)	*6 cucharadas de tomate frito*
5 huevos batidos con un chorreón de nata o leche.	*1 cucharadita de sal*
	1 chorreón de vino
1 cucharada de pan rallado	

*M*ezclar todos los ingredientes (se pueden triturar con la minipimer) y llenar un molde alargado. Meter en el horno al baño María a 220 °C durante 30 minutos, aproximadamente. Dejar que se enfríe, desmoldar y servir con mayonesa y tomate frito.

PEZ ESPADA A LA PLANCHA (145)

4 filetes de pez espada

1 limón

sal

*A*derezar los filetes con sal y limón. Poner a la parrilla o plancha a fuego medio y con un poco de aceite. Cuando está casi hecho se le da la vuelta, se deja unos minutos y se sirve.
A mayor grosor del pescado el fuego debe ser más lento para evitar que se haga externamente y se quede crudo por dentro. Se puede acompañar con pimientos verdes fritos.

PESCADOS Y MARISCOS

SALMÓN CON SALSA (146)

4 rodajas de salmón	1 lata de 1/2 kg de champiñones fileteados
1/2 l de nata	
1 pizca de sal	hierba aromática a elegir (eneldo, romero, tomillo...)
1 pizca de nuez moscada	

Se sazona el salmón y se mete al horno a 200 °C, aproximadamente 10 minutos, dependiendo del grosor de la rodaja (suele estar listo cuando ha cambiado de tonalidad).

En un cazo se echa la nata, la sal, los champiñones y las hierbas aromáticas y se deja cocer 10 minutos. Esta salsa se puede servir en salsera o cubriendo las rodajas de salmón.

SALMONETES FRITOS (147)
(o cualquier pescado azul pequeño)

8 salmonetes
sal
harina mezclada con pan rallado a partes iguales

Se le quitan las tripas, se sazonan con sal, se pasan por harina con un poco de pan rallado y se fríen en freidora o en abudante aceite caliente hasta que se doren. Se escurren y se sirven.

PESCADOS Y MARISCOS

ATÚN ESCABECHADO (148)

MICROONDAS

4 ruedas de atún fresco	6 cucharadas de vinagre
1 cebolla picadita	1 hoja de laurel
1/2 vaso de vino blanco	harina
6 cucharadas de aceite	sal

En una cazuela de barro, colocar las ruedas de atún sazonadas y pasadas por harina y después por el aceite. Meter en el microondas 1 minuto, por cada lado. Sacar las ruedas y reservar. En la misma fuente poner el resto de los ingredientes y cocer 8 minutos. Sacar, mover la salsa y añadir el atún. Meter de nuevo 8 minutos hasta que se haga el atún. Dejar reposar antes de servir.

CALAMARES AL AJILLO (149)

MICROONDAS

3/4 kg de calamares en anillas o troceados
8 cucharadas de vino blanco
4 dientes de ajo picaditos
4 cucharadas de aceite
sal
1 guindilla

En una fuente, poner los calamares, los ajos y el aceite. Meter en el microondas 6 minutos. Sacar, mover y añadir el vino, la sal y la guindilla y volver a meter 6 minutos. Sacar y comprobar que están tiernos. Servir muy calientes.

PESCADOS Y MARISCOS

MERLUZA A LA SIDRA (150)

MICROONDAS

4 filetes de merluza	1 cucharada de pan rallado
1/2 vaso de agua	8 cucharadas de aceite
1 vaso de sidra	sal
4 cucharadas de tomate frito enlatado	1/2 cebolla muy picadita
harina	perejil picado

En una fuente refractaria poner el aceite y la cebolla. Meter en el microondas 3 minutos. Sacar y añadir los filetes de merluza sazonados y pasados por harina, el pan rallado, el tomate frito, el agua y la sidra. Meter de nuevo 8 minutos y servir espolvoreado de perejil.

ZARZUELA DE MARISCOS (151)

MICROONDAS

200 gr de rape troceado	1/4 l de caldo de gambas
250 gr de gambas	1 cebolla
1/4 kg de calamares troceados	harina, sal, pimienta
1 vasito de coñac	8 cucharadas de aceite
10 cucharadas de tomate frito enlatado	

Limpiar todos los pescados y mariscos. Hacer un caldo con las cáscaras de las gambas. Poner un fondo de aceite con la cebolla picada muy fina, 3 minutos, y añadir el coñac, la salsa de tomate, el caldo de las gambas, la pimienta y la sal. Introducir en el microondas durante 6 minutos. Sacar, mover la salsa y añadir los pescados enharinados, menos las gambas. Meter 6 ó 7 minutos. Sacar, incorporar las gambas y meter 1 minuto más. Servir muy caliente, espolvoreado con perejil muy picado.

SALSAS

SALSAS

Clasificación

Aunque hay diversos criterios de clasificación de salsas vamos a exponer a continuación la más aceptada por todos los autores. De cada salsa básica se derivan muchas otras con nombre propio. En el apartado de recetas están explicadas paso a paso las salsas básicas que a continuación exponemos en forma de cuadro:

SALSAS BÁSICAS	FRÍAS	Vinagretas (ver rec. n.º 160)	
		De nata (ver rec. n.º 153)	
	EMULSIONADAS	FRÍAS	Mayonesa (ver rec. n.º 157)
		CALIENTES	Holandesa (ver rec. n.º 156)
	BLANCAS	Bechamel (ver rec. n.º 152)	
		Velouté (ver rec. n.º 159)	
	RUBIAS	Rubia (ver rec. n.º 158)	
	OSCURAS	Española (ver rec. n.º 155)	
	FRITADAS	De tomate (ver rec. n.º 154)	

SALSAS

Salsas derivadas

Para no hacer exhautivo el tema, explicando cada una de las salsas derivadas, proponemos a continuación una serie de ingredientes que podemos añadir a las salsas básicas para convertirlas en derivadas:

Salsa	Ingredientes básicos	Ingredientes derivados
VINAGRETA	aceite, vinagre, sal y pimienta	ajo, anchoas, nata, limón, huevo duro, hierbas aromáticas, mostaza, paprika, aceitunas, tomate, cebolla, pimiento, alcaparras...
MAYONESA	aceite, huevos, vinagre o limón, sal y agua	leche, ajo, anchoas, gelatina, curry, clara batida, paprika, tomate, coñac, mostaza, ketchup, variantes...
RUBIA	aceite, cebolla, ajo, harina, caldo, vino blanco y sal	vino de Burdeos, vino de Madeira, trufas, champiñones, limón, clavo, aceitunas...
DE NATA	nata y sal.	foigras, queso roquefort, yogur, leche, vino, aceitunas, pepinillos...
HOLANDESA	mantequilla, yemas de huevo, limón y sal	perejil, vinagre de estragón, estragón, zumo de naranja, nata...
OSCURA	roux oscuro, fondo oscuro, cebolla, ajo, vino y sal	vino de Burdeos, de Borgoña, de Oporto, limón, perejil, estragón, tomate, champiñones, mostaza, azucar, vinagre...
BECHAMEL	mantequilla, harina, leche, sal y nuez moscada.	tomate, nata, yemas, vino, fumet de pescado, trufa, mostaza, espárragos, jamón, champiñones...
TOMATE	tomate, aceite y sal.	cebolla, ajo, laurel, zanahoria, pimiento, apio, vinagre, azúcar..
VELOUTÉ	mantequilla, harina y caldo.	idem que la bechamel.

SALSAS

Recetas

SALSA BECHAMEL (152)

25 gr de mantequilla
25 gr de harina fina
1 cucharadita de sal
1 pizca de nuez moscada
1/2 l de leche (mejor caliente)

En un cazo a fuego medio derretir la mantequilla sin que hierva. Incorporar la harina y dar vueltas hasta conseguir que forme una unidad con la mantequilla (esta mezcla se denomina roux) y a continuación se va añadiendo la leche caliente poco a poco, de modo que el roux la vaya absorbiendo, y sin dejar de mover. Se adereza con la sal y la nuez moscada y se deja hervir al menos 10 minutos, a fuego lento, cuidando que no se pegue. Si se quiere más clara, se añade más leche y si se quiere más espesa se deja cocer más tiempo.

SALSA DE NATA (153)

1 vaso de nata líquida

1 cucharadita de sal

1 puntita de pimienta blanca

Se monta ligeramente la nata con la minipimer y se le añaden los ingredientes que se quiera, batiéndolo todo junto unos minutos hasta conseguir una salsa homogénea. Se adereza con la sal y la pimienta (ver salsas derivadas). Si se quiere más clara se puede añadir un poco de leche. No hay que confundir este tipo de salsa con las que se hacen añadiendo nata al fondo de cocción de un alimento. Estas últimas son calientes.

SALSA DE TOMATE (154)

6 cucharadas de aceite

1/2 cebolla picadita

1 kg de tomates pelados y troceados

sal y azúcar

En una cazuela se echa el aceite y a fuego medio se rehoga la cebolla 10 minutos. Cuando está hecha se incorporan los tomates y se dejan cocer 1 hora, aproximadamente. Dependiendo de cómo sean los tomates habrá que sazonar la salsa. Esta salsa no hace falta triturarla. Si hace falta se añade un poco de agua durante la cocción.

SALSAS

SALSA ESPAÑOLA (155)

1/2 l de caldo de carne (mejor caliente) (Ver rec. n.º 54)	*1/2 tomate rallado*
4 cucharadas de aceite	*20 gr de harina tostada al horno o en sartén al fuego*
1 diente de ajo picadito	*1/2 vasito de vino blanco*
1/2 cebolla picada	*sal (dependiendo de lo salado que esté el caldo)*
1/2 zanahoria pelada y troceada en pequeño	

*E*n un cazo se echa el aceite y se dora el ajo. Se añade la cebolla, el tomate y la zanahoria y se deja cocer a fuego medio 15 minutos, cuidando que no se queme.

Se incorpora la harina y se mueve hasta conseguir que se una totalmente al refrito. Por último, se va echando poco a poco el caldo y el vino sin dejar de mover para evitar que se formen grumos. Se deja cocer todo al menos 10 minutos, y si se quiere, se puede triturar.

SALSA HOLANDESA (156)

1 cucharada de agua fría	*150 gr de mantequilla fundida no muy caliente*
1 cucharadita de vinagre o limón	*1/2 cucharadita de sal*
3 yemas de huevo	

*E*n un recipiente se baten muy bien, con un batidor de varillas, las yemas, el vinagre, el agua y la sal. Se incorpora poco a poco la mantequilla batiendo con fuerza. En un cazo se pone la salsa y se conserva en el fuego al baño María a 40 °C. Si hierve se corta. Esta salsa es de elaboración complicada, si bien es muy apreciada gastronómicamente.

SALSA MAYONESA (157)

2 huevos	2 cucharadas de agua fría
1/2 cucharadita de sal	2 cucharadas de aceite
2 cucharadas de vinagre	1/2 l de aceite de girasol

En un recipiente limpio, poner los huevos, la sal, el vinagre, el agua y las 2 cucharadas de aceite. Batir con la minipimer e ir incorporando poco a poco el 1/2 litro de aceite. Para evitar que se corte hay que mover la minipimer despacio, sólo para arriba y para abajo y hay que echar el aceite de forma constante (siempre un chorro). Probar por si hay que rectificar de sal o vinagre. Si vemos que se nos va a cortar se puede intentar arreglar añadiendo un poco de agua tibia.

SALSA RUBIA (158)

1/2 l de caldo de carne (mejor caliente) (Ver rec. n.º 54)	20 gr de harina fina tostada en el horno o en una sartén al fuego
4 cucharadas de aceite	1/2 vasito de vino blanco
1 diente de ajo picadito	1 cucharadita de sal (depende de cómo esté el caldo de salado)
1/2 cebolla picadita	

En un cazo se echa el aceite y se dora el ajo. Se añade la cebolla y se deja que se haga a fuego medio. Se incorpora la harina moviendo con una cuchara y se añade el vino y el caldo poco a poco para que no se hagan grumos. Se sazona, se deja cocer al menos 10 minutos y, si se quiere, se puede triturar.

SALSAS

SALSA VELOUTÉ DE PESCADO (159)

25 gr de mantequilla

25 gr de harina

1 cucharadita de sal

1/2 l de caldo de pescado (mejor caliente) (Ver rec. n.º 55)

En un cazo a fuego medio derretir la mantequilla sin que hierva. Incorporar la harina y dar vueltas hasta conseguir una unidad con la mantequilla (esta mezcla se denomina roux) y a continuación se va añadiendo el caldo poco a poco, de modo que el roux lo vaya absorbiendo, sin dejar de mover. Se sazona, teniendo en cuenta si el caldo estaba sazonado con anterioridad, y se deja cocer al menos 10 minutos, cuidando que no se pegue. Si se quiere más clara, se añade más caldo y si se quiere más espesa se deja cocer más tiempo. Sirve para acompañar pescado al horno.

SALSA VINAGRETA (160)

6 cucharadas de vinagre

1 vaso de aceite de oliva

1 cucharadita de sal

Se mezclan los 3 ingredientes batiendo con un batidor de varillas. A partir de aquí se pueden hacer las salsas derivadas.

SALSAS

SALSA BECHAMEL (161)

MICROONDAS

1/2 l de leche
30 gr de harina
30 gr de mantequilla
nuez moscada y sal

*E*n un recipiente hondo, poner la mantequilla, la harina, la sal, la nuez moscada y la mitad de la leche templada. Meter en el microondas durante 3 minutos. Sacar, batir la mezcla y añadir el resto de la leche. Volver a meter en el microondas durante 4 minutos aproximadamente. Al sacarlo seguir batiendo hasta conseguir una textura homogénea.

SALSA DE TOMATE (162)

MICROONDAS

1 kg de tomates	*6 cucharadas de aceite*
1 cebolla grande	*laurel y perejil*
4 dientes de ajo	*azúcar y sal*

*E*n una fuente refractaria poner agua caliente y los tomates enteros durante 2 minutos. Sacar, pelar los tomates y quitarles las semillas. En una cazuela de barro, preparar la cebolla, los ajos picados finos, el aceite, el laurel, la sal y los tomates. Meter en el microondas durante 7 minutos, Sacar, mover y volver a meter durante 7 minutos o más. Probar y rectivicar de azúcar y sal.

MÉTODO DE ELABORACIÓN DE RECETAS PROPIAS MEDIANTE UN SISTEMA DE FICHAS DE TRABAJO

INVENTA RECETAS

 mi modo de ver, este es el capítulo más interesante del libro, ya que en él se plantea un método para poder "inventar" recetas o variar en algo las que teníamos.

Para llegar a conseguirlo es necesario que entiendas muy bien los pasos que hay que dar. Por eso iremos despacio en la exposición. Lo más importante es familiarizarse con las fichas de trabajo que se presentan en este apartado, ya que en ellas se basa nuestro "invento". Te recomiendo que las estudies bien.

Una vez supuesto el conocimiento de las fichas de trabajo, el sistema a seguir es el siguiente:

1. *Seleccionar la ficha de trabajo correspondiente*
2. *Seleccionar la receta más parecida de las que se exponen en las fichas de trabajo con el objeto de fijarnos en el modo de hacer y en las cantidades de los ingredientes*
3. *Elegir los ingredientes que queramos para la nueva receta, de los que se encuentran en el cuadro*
4. *Construir y redactar la nueva receta*

Pongamos un ejemplo:

Imaginemos que queremos hacer unas pechugas guisadas con vino moscatel. Paso a paso vamos a ir aplicando nuestro sistema de trabajo.

1. *Ficha de trabajo correspondiente: carne guisada*
2. *Receta que elegimos como guía: pollo en pepitoria*
3. *Ingredientes que escogemos del cuadro:*
   - *sofrito inicial: ajo, cebolla, pasas, pistachos.*
   - *alimento principal: pechugas de pollo.*
   - *espesante: l cucharada de maizena.*
   - *líquido: moscatel.*
4. *Construcción y redacción de la nueva receta:*

PECHUGAS CON MOSCATEL

4 pechugas de pollo
1/2 vasito de moscatel
25 gr de pistachos
25 gr de pasas
1/2 cebolla partida en juliana
1 diente de ajo
1/4 l de agua
1 cucharadita de sal
1 pastilla de caldo de pollo
6 cucharadas de aceite
1 cucharada de Maizena disuelta en medio vasito de agua fría

Se sazonan las pechugas, se pasan por harina y se doran en la freidora. Se reservan.

En una cazuela se echa el aceite y se fríen a fuego lento los ajos y la cebolla. A continuación se echan las pasas, los pistachos y las pechugas. Se deja 5 minutos que cueza todo junto y se añade el moscatel y el agua. Se sazona con la sal y la pastilla de caldo de pollo. Se deja cocer 15 minutos y si hace falta se espesa con la Maizena. Dejar cocer un poco más con el fin de que se cueza la Maizena.

FICHA DE TRABAJO Nº 1

CARNE GUISADA

En la práctica hay dos modos de hacer un guiso de carne cuya diferencia esencial estriba en incorporar al guiso el alimento principal enharinado y dorado previamente en la freidora o bien crudo y sin pasar por harirna. Aunque puede parecer menos complejo el segundo, el primero resulta más sencillo y se obtienen mejores resultados.

1.er modo de hacer

- ☐ Hacer sofrito inicial.
- ☐ Incorporar el alimento principal enharinado y dorado.
- ☐ Añadir el líquido
- ☐ Sazonar: sal, especias y condimentos.
- ☐ Espesar: con Maizena, Maizena express o yemas de huevo.

2.º modo de hacer

- ☐ Hacer sofrito inicial.
- ☐ Incorporar el alimento principal en crudo.
- ☐ Dejar dorar.
- ☐ Espesar con harina.
- ☐ Añadir el líquido.
- ☐ Sazonar: sal, especias y condimentos.

Tomando como plantillas estos modos de hacer y como guía las recetas correspondientes a la carne guisada (ver rec. n.º 106, 109 y 118) se pueden hacer múltiples recetas cambiando los ingredientes de las mismas. A continuación se expone un cuadro que nos presenta algunos de los ingredientes que se pueden elegir:

FICHA DE TRABAJO Nº 1

SOFRITO INICIAL	ajo, cebolla, tomate, pimiento verde
	pimiento morrón, champiñones, espárragos, guisantes, setas, manzanas, zanahorias, frutos secos, pistachos, pasas, taquitos de jamón, bacon...
ALIMENTO PRINCIPAL	pollo en octavos, pechugas, muslos, codornices, perdices, pavo troceado, costillas, cordero troceado, carne de guiso de ternera, pata de cerdo troceada para guiso, conejo troceado
ESPESANTES	1 cucharada de harina: se echa en el sofrito
	1 cucharada de Maizena: se añade casi al final de la cocción, disuelta en agua fría. Para que el guiso espese, la Maizena tiene que hervir unos minutos
	2 yemas de huevo duro: no es un espesante usual, aunque es característico de alguna receta
	2 cucharadas de Maizena express. Se añade directamente sobre el guiso ó salsa
LÍQUIDOS	vino blanco, Fino, Oporto, cerveza, champán, sidra, whisky, moscatel, caldo, zumos de fruta...

FICHA DE TRABAJO Nº 2

CARNE ASADA

Se trata de piezas de carne de gran tamaño, hechas al horno, y en su mayoría acompañadas de salsas. Una vez hechas hay que dejarlas enfriar antes de cortarlas, por lo que se suelen hacer el día anterior a utilizarlas. Los dos modos más comunes de hacerla son los siguientes:

1.er modo de hacer

- Sazonar la carne y pasarla por harina.
- Echar en una bandeja de horno o en el recipiente que vayamos a utilizar para asar la carne, un poco de aceite y colocar la carne encima.
- Dorar en el fuego la carne para evitar que pierda sus jugos en el asado.
- Colocar un lecho de verduras troceadas, debajo de la carne.
- Meter en el horno a 225-250 ºC, aproximadamente 2 horas.
- A media cocción añadir vino y si hiciera falta un poco de agua.
- Dejar enfriar y cortar.
- Hacer la salsa partiendo del jugo que ha soltado la carne y de las verduras que hemos utilizado en el asado.

2.º modo de hacer

- En la bandeja de horno o recipiente que vayamos a utilizar para el asado colocamos un lecho de verduras.
- Colocar encima la pieza de carne y sazonarla.
  (También se puede sazonar a media cocción).

FICHA DE TRABAJO Nº 2

☐ Meter en el horno a 225-250 ºC, aproximadamente 2 horas.
☐ A media cocción añadir el vino y si hiciese falta un poco de agua.
☐ Dejar enfriar y cortar.
☐ Hacer la salsa partiendo del jugo y las verduras del asado.

Tomando como plantilla estos modos de hacer y como guía una de las recetas correspondientes a la carne asada (ver rec. n.º 104, 110 y 114) se pueden hacer múltiples recetas cambiando los ingredientes de las mismas. A continuación se expone un cuadro que nos presenta algunos de los alimentos que podemos elegir:

LECHO DE VERDURAS	ajo, cebolla, puerro, chalotas, zanahoria, pimiento, manzana, limón, naranja, piña...
ALIMENTO PRINCIPAL	solomillo, lomo, redondo, babilla, pavo, pollo, pollo troceado, pechugas de pollo, pierna de cordero, costillar de cordero, pata de cerdo...
LÍQUIDOS	vino blanco, tinto, rosado, cerveza, coñac, whisky, champán, cava, zumos de fruta, leche, caldo...
OTROS INGREDIENTES	laurel, tomillo, romero, clavo, frutos secos, colorante, tocino, azúcar...

FICHA DE TRABAJO Nº 3

ARROZ HERVIDO

Modo de hacer

☐ Llenar un recipiente con abundante agua, unas gotas de limón y una cucharada de sal por litro de agua.

☐ Poner el agua al fuego y cuando esté hirviendo se echa el arroz.

☐ Dejar cocer de 15 a 20 minutos.

☐ Escurrir.

– Si va a ser frío: refrescar.

– Si va a ser caliente se rehoga con un poco de aceite.

A continuación se presentan una serie de ingredientes y salsas que pueden acompañar a este tipo de arroz:

En frío

INGREDIENTES	gambas, palitos de cangrejo, jamón york, queso, pasas de Corinto, huevo duro, piña, manzana, naranja, pimientos morrones, maíz, aceitunas, pepinillos, alcaparras...
SALSAS	vinagreta y derivadas, salsa de nata y derivadas, mayonesa y derivadas...

En caliente

INGREDIENTES	gambas, palitos de cangrejo, jamón york, jamón serrano, champiñones, pasas de Corinto, guisantes, zanahoria, maíz, plátano, huevos...
SALSAS	Blancas y derivadas, salsa de tomate...

FICHA DE TRABAJO N° 4

ARROZ GUISADO

Modo de hacer

- ☐ En el recipiente de hacer el arroz hacemos un sofrito con los ingredientes que vayamos a utilizar.
- ☐ Una vez hecho el sofrito, se rehoga el arroz.
- ☐ Se le añade el doble de agua o caldo de arroz (medimos el arroz en volumen) y se sazona.
- ☐ Se añaden una gotas de limón.
- ☐ Dejar cocer 10 minutos en el fuego y otros 10 minutos en el horno.
- ☐ Dejar reposar el arroz tapándolo con un paño unos 10 minutos.

Tomando como modelo este modo de hacer y como guía las recetas del arroz guisado (ver rec. n.º 2 y 3) se pueden elaborar múltiples recetas.

A continuación se presentan una serie de ingredientes que se pueden utilizar para hacer el sofrito inicial y salsas que pueden acompañar este tipo de arroz.

SOFRITO	ajo, pimiento, jamón serrano, jamón york, calamares, champiñones, judías, guisantes, gambas, costillas, pollo, carne, almejas, pasas, piña…
SALSAS	vinagreta y derivadas, salsa de nata y derivadas, mayonesa y derivadas…

FICHA DE TRABAJO Nº 5

PASTA ITALIANA HERVIDA

Modo de hacer

☐ Llenar el recipiente en el que vayamos a cocer la pasta de agua con 1 cucharada de sal por litro de agua, unas gotas de limón y un chorreón de aceite.

☐ Poner al fuego y cuando empieza a hervir se echa la pasta y se le da algunas vueltas para evitar que se pegue.

☐ Se deja cocer hasta que esté "al dente", aproximadamente 15 minutos dependiendo del tamaño y de la marca de la pasta.

☐ Refrescar si se quiere la pasta fría.

☐ Rehogar con aceite o mantequilla, si va a ser caliente.

Tomando como plantilla este modo de hacer y como guía las recetas de la pasta hervida (ver rec. n.º 7, 8 y 10) se pueden hacer múltiples recetas. A continuación se expone un cuadro que nos presenta algunos ingredientes para hacer recetas diferentes:

Para pasta fría

INGREDIENTES	atún, gambas, palitos de cangrejo, anchoas, aceitunas, alcaparras, huevo duro, pepinillo, jamón york, maíz…
SALSAS	vinagreta y derivadas, de nata y derivadas, mayonesa y derivadas

Para pasta caliente

SOFRITOS	de mantequilla o aceite con	cebolla, ajo, perejil, zanahorias berberechos, almejas, bacon, anchoas, huevo batido, gambas, alcaparras, aceitunas, orégano
SALSAS		de tomate y derivadas
ACOMPAÑAMIENTO		queso rallado

FICHA DE TRABAJO Nº 6

PASTA ITALIANA GUISADA

Modo de hacer

- ☐ En la cazuela donde vayamos a guisar la pasta se hace un sofrito con los ingredientes que vayamos a utilizar.
- ☐ Una vez hecho el sofrito se rehoga la pasta.
- ☐ Se añade el doble de agua que de pasta, y se sazona.
- ☐ Se añade más agua a medida que lo vaya necesitando, durante la cocción.
- ☐ Se deja cocer al menos 10 minutos, aunque depende del tipo de pasta.
- ☐ Probar antes de servir para comprobar si está cocida la pasta.

Tomando como plantilla este modo de hacer y como guía la receta n.º 9 se pueden hacer múltiples recetas. A continuación se presentan una serie de ingredientes que se pueden utilizar para el sofrito inicial.

SOFRITO	ajo, cebolla, perejil, tomate, pimiento, mejillones, berberechos, almejas, gambas, costillas, pollo, salchichas, chorizo...

FICHA DE TRABAJO Nº 7

VERDURAS GUISADAS

Modo de hacer

- En la cazuela donde vayamos a hacer el guiso, se hace el sofrito inicial.
- Se incorpora la verdura principal y se rehoga.
- Se cubre el guiso de agua o caldo y se sazona.
- Dejar cocer de 20 a 30 minutos dependiendo de la verdura que se trate, a fuego medio.
- Si necesita más agua se va añadiendo durante la cocción.

Tomando como plantilla este modo de hacer y como guía las recetas 26 y 31 se pueden elaborar múltiples recetas. A continuación se expone un cuadro que nos presenta algunos alimentos que podemos elegir:

SOFRITO	ajo, cebolla, perejil, tomate, pimiento, jamón, bacon, berberechos, almejas, laurel, chorizo, frutos secos, costillas, pollo, carne, bacalao...
LÍQUIDO	agua, caldo, vino blanco...

FICHA DE TRABAJO Nº 8

PESCADO ASADO

Modo de hacer

☐ Colocar en la bandeja del horno un lecho de verduras, regarlo con un chorreón de aceite y hacerlo un poco en el horno.

☐ Sacar la bandeja de horno y colocar el pescado, limpio y sin escamas.

☐ Dejar hacerse calculando 30 minutos por kilo de pescado y sazonar.

☐ Ir regándolo con agua o fumet de pescado y vino.

Tomando como plantilla este modo de hacer y siguiendo como guía la receta 134 se pueden elaborar múltiples recetas. A continuación se expone un cuadro con algunos alimentos que podemos elegir:

LECHO DE VERDURAS	ajos, cebolla, tomate, patatas, perejil, laurel, limón, tocino,...
ALIMENTO PRINCIPAL	besugo, dorada, lubina, pargo, salmón, reo asalmonado... (en general pescados enteros)
LÍQUIDOS	agua, fumet de pescado, vino blanco, Fino, Martini blanco...

Algunos pescados se pueden rellenar (cola de merlura, reo asalmonado, salmón...)

SALSAS QUE PUEDEN ACOMPAÑAR	holandesa y derivadas y blancas y derivadas

FICHA DE TRABAJO Nº 9

— PESCADO GUISADO —

Modo de hacer

- ☐ Hacer un sofrito inicial.
- ☐ Incorporar el alimento principal enharinado y dorado.
- ☐ Cubrir con agua o fumet de pescado y sazonar.
- ☐ Dejar cocer al menos 10 minutos dependiendo del tipo de pescado.
- ☐ A media cocción añadir un poco de vino.

Siguiendo este modo de hacer y tomando como guía las recetas n.º 132, 133 y 143 se pueden hacer múltiples recetas. En el cuadro inferior se exponen algunos ingredientes que nos pueden ayudar en las nuevas recetas:

SOFRITO INICIAL	ajo, cebolla, perejil, tomate, pimiento, zanahoria, almejas, mejillones, berberechos, langostinos, jamón, bacon, frutos secos, pimiento morrón, champiñones, setas, guisantes, espárragos...
CONDIMENTOS	laurel, tomillo, romero, clavo, menta, pimienta, limón...
ALIMENTO PRINCIPAL	mero, rosada, ruedas de merluza, filetes de merluza, cazón, bacalao...
LÍQUIDOS	agua, fumet de pescado, fumet de gambas, vino blanco, Fino, coñac, whisky...

CAPÍTULO V

INICIACIÓN A LA REPOSTERÍA: RECETAS PRÁCTICAS

ara iniciarse en la Repostería y en el gran mundo de la Pastelería son necesarios los siguientes requisitos:

1. *Ilusión.*
2. *Empezar haciendo postres sencillos y no grandes montajes.*
3. *Seguir las proporciones exactas de unas buenas recetas.*

Con el recetario práctico expuesto a continuación pretendo los tres objetivos: ilusionarte y facilitarte unas recetas sencillas, muy ricas y que siempre salen.

Es muy importante que no pierdas la fe en las recetas. Si alguna no te sale, procura buscar el motivo del pequeño fracaso e intentarlo de nuevo. Así y sin perder la ilusión, llegarás lejos.

A lo largo de estas recetas vamos a utilizar algunos términos y conceptos que conviene explicar para solucionar posibles dudas que se os pueden presentar en la elaboración de las recetas.

Batir:

Como su nombre indica se bate con la batidora. Es importantísimo no confundir la batidora con la trituradora, también conocida como minipimer. La minipimer no bate, sino que tritura, ya que mediante el aspa que tiene va cortando los alimentos. Sin embargo la minipimer tiene un accesorio, generalmente de plástico blanco con forma de varillas, que sí nos sirve para batir. Ahora todas vienen con este accesorio, pero si no, no hay problema, pues se puede comprar aparte.

También se puede batir manualmente. En este caso lo mejor es un batidor de varillas y en su defecto un tenedor. Logicamente se tarda más en batir a mano y cuesta más trabajo.

Hay batidoras domésticas muy buenas y muy baratas.

Mezclar:

Se mezcla siempre a mano y con una espátula o cuchara. Es importante que se mezcle con suavidad para que no se bajen los preparados. *Por ejemplo:* Cuando hay que mezclar harina a un bizcocho, no se hace con la batidora, sino que es mejor hacerlo manualmente y cuando hay que mezclar claras montadas a una crema, tampoco se mezclan con la batidora porque se bajarían.

Baño María:

El baño María puede hacerse en el horno o en el fuego.

- **En el horno:** consiste en meter un recipiente un poco hondo con agua y encima poner el molde con lo que vayamos a hacer. Por ejemplo, un tocino de cielo, un flan, etc...
- **En el fuego:** consiste en poner al fuego un recipiente de boca ancha, por ejemplo una sartén con agua y encima un cazo con la crema que tenemos que cocer.

El baño María evita que se corten las cremas, aunque tiene el inconveniente de que es una cocción más lenta que la cocción a fuego directo.

Montar:

Se puede montar:
- **Nata:** Batirla con la batidora o con el batidor de varillas convirtiendola de líquida en sólida. El azúcar se le va echando poco a poco.

  Por lo general, un litro de nata líquida admite 200 gramos de azúcar.
- **Leche Tipo Ideal:** Se procede igual que con la nata. Tiene la particularidad de que si no está muy fría no se monta. Conviene tenerla 3 ó 4 horas en el congelador antes de montarla.
- **Claras:** Se dice de las claras que se montan a punto de nieve cuando al volcar el recipiente donde se baten, las claras no se caen, quedando en forma semejante a la nieve.

  Se montan muy fácil, si se añade una pizca de sal y unas gotas de limón.

Para hacer merengue, el azúcar se va incorporando poco a poco, cuando ya estén casi montadas.

Conviene montarlas siempre con la batidora.

Si se montan a mano, se utiliza un batidor de varillas y en su defecto un tenedor.

Huevos: Se dice de los huevos, que se montan o baten a punto de relieve cuando cambian de color amarillo a un color avainillado claro, y cuando cambian de una consistencia líquida a una consistencia un poco más densa y esponjosa.

Generalmente se montan con azúcar, y ésta se añade poco a poco cuando los huevos están muy batidos.

Al igual que las claras es preferible batirlos con una batidora. Si se montan a mano se utiliza el batidor de varillas y en su defecto un tenedor.

Aunque la repostería es una ciencia bastante compleja por su extensión y variedad, me ha parecido útil presentarte a continuación en tres cuadros un resumen muy esquemático de cómo está estructurada.

Espero que al menos te sirva de orientación para poder realizar mejor las recetas.

PREPARACIONES AUXILIARES	
CREMAS	Inglesa y derivadas Pastelera De mantequilla
MERENGUE	Italiano Seco
AZÚCAR	Almíbar Fondant Glasea real Baños: Panada, glaseado…
SALSAS	De caramelo De chocolate Sabayón…

PASTAS Y MASAS	
QUEBRADA O BRISA	Tartaletas dulces y saladas Pastelillos salados Pastas de té
DE BIZCOCHOS	Genovesa Para enrollar Tradicional Cake Magdalena
HUECA	Petit-choux Buñuelos
DE LEVADURA	Pan Brioche Croassant Hojaldrada
DE HOJALDRE	empanadas tartas dulces y saladas
FRITA	Pestiños Huesos de San Expedito Rosquillas
LÍQUIDA	Crêpes Filloas o tortillas

POSTRES		
A TEMPERATURA AMBIENTE	A BASE DE FRUTAS	Fruta natural Zumos Compotas Jaleas Gelatinas
	A BASE DE LECHE	Arroz con leche Flan Pudding Natillas Crema catalana
	TARTAS Y PASTELES	elaborados a partir de masas y preparaciones auxiliares
CALIENTES		Buñuelos Crêpes Tortillas Souflés Frutas merengadas Torrijas Leche frita
FRÍOS		Carlotas Espumas Mousses Bavaroise Biscuit glacés Parfaits Sorbetes

REPOSTERÍA

Recetas

ALMÍBAR (1)

1/4 kg de azúcar

1/4 l de agua

*E*n un cazo se pone a hervir el azúcar con el agua. Se puede añadir algún licor. Cuando rompe a hervir se deja cocer 15-20 minutos.

Sirve para emborrachar tartas, hacer compotas, tocino de cielo, etc.

ARROZ CON LECHE (2)

1 l de leche

70 gr de arroz

175 gr de azúcar

1 cáscara de limón

1 palo de canela

canela en polvo

*S*e pone a cocer la leche con el azúcar, la canela y la cáscara de limón. Cuando rompe a hervir se echa el arroz y se deja cocer a fuego muy lento aproximadamente 2 horas, moviéndolo de vez en cuando. Se deja enfriar y en el momento de servir se espolvorea con canela.

REPOSTERÍA

BAÑO DE YEMAS (3)

100 gr de azúcar

8 cucharadas de agua

3 yemas

℅n un cazo se pone a hervir el agua con el azúcar 15 minutos aproximadamente, cuidando para que no se queme. Cuando se enfría un poco, se mezcla con las yemas batiendo con fuerza para evitar que éstas se cuajen. Poner la crema a cocer al baño María hasta que espese, teniendo en cuenta que no debe hervir, ya que se cortaría.

Este baño sirve para cubrir bizcochos, tartas, fruta cocida, etc...

BAVAROISE DE PIÑA (4)

1 / 4 l de nata montada con 2 cucharadas de azúcar

1 lata de 1 / 2 kg de piña

el almíbar de la lata de piña (1 vasito)

90 gr de gelatina de limón en polvo

℅n un cazo se pone a cocer, hasta que hierva, la gelatina en polvo y el almíbar de piña. Cuando rompe a hervir, se deja cocer aproximadamente 5 minutos teniendo cuidado para que no se salga del cazo. Pasado este tiempo se retira del fuego y se tritura con la minipimer junto con las rodajas de piña. Se deja enfriar y se mezcla lentamente con la nata montada.

Se unta un molde con mantequilla, se echa el postre y se deja en la nevera toda la noche. En el momento de servir se mete unos segundos en agua hirviendo y se desmolda.

Se puede decorar con rodajas de piña, nata y hojas de menta.

REPOSTERÍA

BAVAROISE DE YOGUR DE FRESA (5)

1 yogur de fresa
8 cucharadas de agua
8 cucharadas de zumo de limón
1/4 kg de nata montada con 3 cucharadas de azúcar
90 gr de gelatina en polvo de fresa

En un cazo se pone a cocer la gelatina con el agua y el zumo de limón. Cuando rompe a hervir se separa del fuego y se deja enfriar 10 minutos. Pasado este tiempo se bate con el yogur. Aparte se monta la nata con el azúcar y por último se mezcla todo con cuidado. Se unta un molde con mantequilla, se echa la mezcla y se deja en la nevera 8 horas. Para desmoldar meter unos segundos el molde en agua caliente. Se decora con nata, fresas naturales, nueces y hojas de menta. Se puede servir en copas.

BIENMESABE (6)

puré de manzana (Ver rec. n.º 21 de Repostería)
natillas (Ver rec. n.º 49 de Repostería)
almendras fileteadas y tostadas
azúcar glass

Se hace la compota de manzana. Se escurre totalmente el almíbar y se aplastan las manzanas con un tenedor convirtiéndolas en puré. Se colocan en el fondo de una fuente.

A continuación se hacen unas natillas y se vierten encima del puré de manzana. Se deja enfriar el postre en la nevera y en el momento de servir se echan las almendras y se espolvorea de azúcar glass.

REPOSTERÍA

BIZCOCHO DE CLARAS (7)

150 gr de mantequilla blanda
150 gr de harina
200 gr de azúcar
60 gr de chocolate rallado
8 claras
1 cucharadita de levadura en polvo

Se bate la mantequilla con el azúcar durante 10 minutos (a punto de pomada), a continuación se añade el chocolate, la harina y la levadura. Por último se mezcla con cuidado con las claras montadas a punto de nieve.

Cocer en el horno a 175 ºC durante 40 minutos, aproximadamente.

BIZCOCHO DE NARANJA (8)

3 huevos
150 gr de azúcar
8 cucharadas de aceite de girasol
8 cucharadas de zumo de naranja
200 gr de harina
1 cucharadita de levadura en polvo
ralladura de 1 naranja

Se baten las claras a punto de nieve, se añade el azúcar y las yemas. A continuación se incorpora, batiendo despacio, el aceite y el zumo. Por último se mezcla con cuidado la harina junto con la ralladura y la levadura. Se engrasa un molde y se echa la mezcla. Cocer en el horno a 175 ºC durante 1/2 hora, aproximadamente.

REPOSTERÍA

——— BIZCOCHO DE PIÑA (9) ———

150 gr de azúcar	1 cucharadita de levadura en polvo
50 gr de mantequilla	150 gr de harina
4 yemas de huevo	salsa de caramelo (Ver rec. n.º 57 de Repostería)
4 claras de huevo (montadas a punto de nieve con una pizca de sal)	1 bote de 1/2 kg de piña en almíbar

𝒮e bate durante 10 minutos el azúcar con la mantequilla enérgicamente. A continuación se van mezclando con cuidado las yemas, la harina con la levadura y por último las claras montadas.

En un molde redondo o alargado se cubre el fondo con salsa de caramelo y se colocan las rodaja de piña. A continuación se vierte la masa del bizcocho y se mete al horno a temperatura media (180 °C), durante 30-40 minutos.

Antes de desmoldarlo se emborracha un poco con el almíbar de la piña.

——— BIZCOCHO DE YOGUR (10) ———

1 yogur	3 vasitos de yogur de harina
3 huevos	1 cucharadita de levadura en polvo
1 vasito de yogur de aceite de girasol	ralladura de limón
2 vasitos de yogur de azúcar	

𝒯riturar todos los ingredientes con la minipimer hasta conseguir una masa homogénea. Engrasar un molde y echar la mezcla. Cocer en el horno a 175 °C durante 3/4 de hora, aproximadamente.

Para que quede más esponjoso conviene hacerlo con la técnica empleada en los demás bizcochos.

REPOSTERÍA

BIZCOCHO GENOVÉS (11)

3 yemas de huevo

3 claras (batidas a punto de nieve con una pizca de sal)

100 gr de azúcar

100 gr de harina

Se baten las claras a punto de nieve y se incorpora el azúcar y las yemas. Con cuidado se mezcla la harina. Untar un molde con mantequilla y harina y echar la mezcla. Cocer en el horno a 175 °C durante 20 minutos, aproximadamente.

Este bizcocho sirve de base para hacer tartas.

BIZCOCHO JUANITA (12)

4 huevos

el mismo peso de los huevos en azúcar

la mitad del peso de los huevos en harina

Se separan las yemas de las claras y se montan éstas a punto de nieve. Se baten con el azúcar y las yemas procurando que no se bajen las claras. Por último, se mezcla con cuidado la harina. Untar un molde con mantequilla y harina y echar la mezcla. Cocer en el horno a 170 °C, 25 minutos, aproximadamente.

REPOSTERÍA

BOLAS DE COCO (13)

200 gr de leche condensada

150 gr de coco rallado

Las cantidades de esta receta no son exactas, ya que hay personas que prefieren las bolas con más cantidad de coco que otras.

Consiste en ir añadiendo a la leche condensada, coco rallado, hasta que es posible formar bolitas. Una vez formadas todas las bolas, se pasan por coco y se presentan en cápsulas de magdalenas pequeñitas o, si se prefiere, en una bandeja.

BRAZO DE GITANO (14)

5 huevos

125 gr de azúcar

75 gr de harina

75 gr de Maizena

1/2 l de crema pastelera (Ver rec. n.º 26 de Repostería)

Se baten las claras a punto de nieve y se le añaden las yemas y el azúcar. Con cuidado se mezcla la harina y la Maizena.
Se pinta con mantequilla un papel de horno y sobre él se extiende la masa. Cocer en el horno a 200 °C durante 10 minutos aproximadamente. Se saca del horno y rápidamente, se echa sobre un paño húmedo espolvoreado de azúcar y se retira el papel. Se extiende la crema pastelera templada y se enrolla. Se cortan las puntas, se espolvorea de azúcar glass y una vez frío, se sirve.

REPOSTERÍA

BOLLOS DE DESAYUNO (15)

2 huevos
100 gr de azúcar
30 gr de levadura fresca prensada
1/2 vaso de aceite de girasol.
1 vaso de agua templada.
1/2 kg de harina fuerte de panadería

En la batidora ir echando todos los ingredientes en el orden que están. Amasar con el gancho hasta que la masa se despegue de las paredes de la máquina. Dejar subir la masa el doble de su volumen, aproximadamente 2 horas, y formar las piezas ayudándose de aceite o de un poco de harina. Dejar subir las piezas al doble de su volumen, aproximadamente otras 2 horas y cocer en el horno a 200 °C durante 15 minutos. Con esta cantidad se obtienen 2 piezas grandes o, 12 bollos individuales.

Si se quiere hacer la masa a mano se baten con un batidor de varillas los huevos con el azúcar, se añade el aceite, la levadura diluida en el agua y por último la harina. Hay que amasar durante 5 minutos, metiendo aire a la masa.

Nota: a veces admite un poco más de harina.

REPOSTERÍA

BUÑUELOS DE VIENTO (16)

1/2 vaso de agua	*3 ó 4 huevos*
1/2 vaso de leche	*ralladura de 1 limón*
50 gr de mantequilla	*1 cucharadita de levadura en polvo*
1 cucharada de coñac	*2 gr de sal*
150 gr de harina	

*E*n un cazo se pone el agua, la leche, la mantequilla, el coñac, la ralladura de limón y la sal. Cuando rompe a hervir se retira un poco del fuego y se incorpora de golpe la harina con la levadura. Se acerca al fuego y se mueve con una cuchara de madera hasta que se despega de las paredes del cazo haciéndose una bola. Se deja enfriar y se van incorporando los huevos uno a uno, mezclándolos bien. Una vez que tenemos la masa, formar bolas con dos cucharas y freír en abundante aceite a fuego lento, escurrir y rellenar de crema (Ver rec. n.º 26 de Repostería). Por último, se pasan en caliente por azúcar.

CAKE DE CHOCOLATE (17)

3 huevos	*100 gr de harina*
100 gr de azúcar	*75 gr de mantequilla*
100 gr de cobertura de chocolate (chocolate fondant)	*1 cucharadita de levadura en polvo*

*S*eparar las yemas de las claras. Batir las claras a punto de nieve incorporándole poco a poco el azúcar. A continuación se añaden las yemas y la cobertura fundida, pero no excesivamente caliente, mezclada con la mantequilla, y por último se mezclan con cuidado la harina y la levadura. Se engrasa un molde y se cuece en el horno a 180 ºC durante 40 minutos, aproximadamente.

REPOSTERÍA

CAKE DE NUECES (18)

200 gr de azúcar	50 gr de nueces troceadas
3 huevos	4 cucharadas de coñac
175 gr de mantequilla	1 cucharadita de levadura en polvo
225 gr de harina	

Se bate en la batidora la mantequilla con el azúcar hasta conseguir una consistencia cremosa. Sin dejar de batir se van incorporando los huevos uno a uno para evitar que se corte. A continuación se echa el coñac y por último la harina mezclada con la levadura y las nueces.

Si se quiere hacer a mano conviene separar las yemas de las claras y montar éstas a punto de nieve, para que quede más esponjoso. Se pinta un molde con mantequilla y harina, se echa la mezcla y mete al horno a 180 °C durante 40 minutos, aproximadamente.

CAPUCHINA (19)

10 yemas	1/4 l de agua
1 huevo	1/4 kg de azúcar
1 cucharada de Maizena	baño de yemas (Ver rec. n.º 3 de Repostería)

Batir las yemas y el huevo a punto de relieve durante 5 minutos. A continuación mezclar con suavidad la Maizena. Engrasar un molde y cocer en el horno al baño María a 175 °C durante 20 minutos.

Aparte, se pone a cocer el agua con el azúcar durante 15 minutos. Una vez hecho este almíbar se riega con él la capuchina sin sacarla del molde. Dejar reposar algunas horas para que vaya absorbiendo el almíbar. Se desmolda, se cubre con un baño de yemas, se espolvorea con azúcar glass y se quema con una aguja al rojo vivo formando rombos.

REPOSTERÍA

COCA DE OLIVA (20)

3 huevos	1 cucharadita de levadura en polvo
200 gr de azúcar	ralladura de 1 limón
1/2 vaso escaso de leche	250 gr de harina
1/2 vaso escaso de aceite de girasol	

Batir las claras a punto de nieve y mezclar suavemente con las yemas y el azúcar. Incorporar la leche y el aceite y por último mezclar con cuidado la harina con la levadura en polvo y la ralladura. Engrasar un molde, echar el bizcocho y cocer en el horno a 190 °C durante 35 minutos, aproximadamente.

COMPOTA DE MANZANA (21)

3 manzanas (mejor reinetas), peladas y partidas en trozos
4 cucharadas de azúcar
1 vaso de agua
1 palo de canela
1/2 limón

Se ponen todos los ingredientes en un cazo a cocer durante 30 minutos aproximadamente, hasta que la manzana esté tierna. Se sirve en su almíbar muy fría.

Conviene hacerla en un cazo tapado y a fuego lento.

Para hacer puré de manzana se sacan las manzanas del almíbar y se trituran con la minipimer o se aplastan con un tenedor.

REPOSTERÍA

CREMA BLANCA DE ALBARICOQUE (22)

4 yogures naturales azucarados	250 gr de nata montada sin azúcar
3 cucharadas de azúcar	zumo y ralladura de 1 limón
5 cucharadas de mermelada de albaricoque	

Se mezclan bien los yogures con el azúcar, la mermelada, el zumo de limón y la ralladura. A esta mezcla se le va añadiendo la nata. Se debe probar para comprobar si necesita un poco más de azúcar.

Se presenta en copas de helado, muy fría, con dos barquillos y una rodaja de kiwi.

CREMA CATALANA (23)

1/2 l de leche
3 yemas
100 gr de azúcar
1 cucharada de Maizena

En un cazo se pone a hervir la leche. En otro recipiente se baten bien la Maizena con el azúcar y las yemas. Cuando la leche rompe a hervir se vierte despacio y sin dejar de mover sobre la mezcla anterior. Echar la crema en el cazo y poner al fuego sin dejar de mover hasta que espese y sin que llegue a hervir ya que se cortaría. Echar la crema en una cazuela de barro, espolvorear de azúcar y quemar la superficie, con un quemador al rojo vivo.

REPOSTERÍA

CREMA DE CAFÉ (24)

1/2 l de leche (hirviendo)	2 cucharaditas de Nescafé disueltas en 1 copita de whisky o agua
2 yemas de huevo	
2 cucharadas colmadas de Maizena (50 gr)	100 gr de azúcar

Poner a calentar en un cazo la leche hasta que esté hirviendo. En otro recipiente batir con la minipimer el Nescafé, las yemas, la Maizena, el azúcar y por último añadir la leche hirviendo. Cuando está todo bien mezclado se echa en el cazo y se pone al fuego hasta que hierva. (Para mayor seguridad de que la crema no se corte, se puede hacer al baño María, es decir, poniendo una sartén con agua debajo del cazo).

Una vez que haya hervido, se echa la crema en copas o cuencos y se deja enfriar. Si se quiere más clara, se puede añadir un poco más de leche.

Se decora con nata o merengue y fresas naturales.

CREMA DE NARANJA O LIMÓN (25)

1 vaso de agua	250 gr de azúcar
1 vaso de zumo de naranja o limón	2 cucharadas de Maizena
3 yemas	50 gr de mantequilla

Mezclar la Maizena, el azúcar, el agua y el zumo en un cazo y ponerlo en el fuego hasta que hierva. Dejar cocer unos minutos, con cuidado de que no se pegue, y sin dejar de mover. Fuera del fuego se añaden la mantequilla y las yemas.

Si se quiere hacer más líquida se echa sólo una cucharada de Maizena.

REPOSTERÍA

CREMA PASTELERA (26)

2 huevos

4 cucharadas de azúcar

2 cucharadas de Maizena

1/2 l de leche

1 cáscara de limón

1 palo de canela

En un cazo poner a hervir la leche con la cáscara de limón y la canela. Aparte en un recipiente mezclar bien la Maizena con el azúcar y los huevos. Echar sin dejar de mover la leche hirviendo sobre esta mezcla. Verter nuevamente todo en el cazo y ponerlo en el fuego. Sin dejar de mover, esperar a que hierva unos minutos.

Dejar enfriar y utilizar como relleno de tartas y pasteles.

CREMA PASTELERA DE CHOCOLATE (27)

A la crema pastelera anterior se le añade al final 100 gr de chocolate de cobertura fundido y admite un poco más de leche.

REPOSTERÍA

CRESPILLOS DE LA ABUELA (28)

2 huevos	*1 cucharadita de levadura en polvo*
1 vasito de leche, aproximadamente	*200 gr de harina (escasos)*
1 cucharada de azúcar	*16 hojas de espinacas frescas*

Se hace una gacheta (masa), mezclando los·huevos con la leche, el azúcar y la harina mezclada con la levadura. Se lavan las hojas de espinaca, se pasan por la gacheta y se fríen en abundante aceite caliente. Una vez que están dorados, se escurren y se pasan por azúcar. La tradición nos cuenta que los crespillos se servían el viernes de Dolores: abundantes, muy calientes, con mucha azúcar y en una fuente grande de porcelana, cubierta con una servilleta buena de hilo blanco.

FILLOAS (29)

1/2 vaso de agua
1/2 vaso de leche
2 huevos
75 gr de harina, aprox.

Mezclar todos los ingredientes con la minipimer. Engrasar una sartén del tamaño deseado con un poco de mantequilla o aceite, y cuando esté caliente, echar la cantidad de masa necesaria para cubrir el fondo de la sartén. Cuando está dorada por una parte se da la vuelta, se deja 1 minuto más y se saca de la sartén.
A esta masa se le puede añadir, si se quiere, un poco de sal ó azúcar dependiendo del uso que le demos a las filloas.
Se sirven rellenas de nata o crema y acompañadas de una salsa. (Ver recetas de repostería de cremas y salsas).

REPOSTERÍA

CROISSANT CASERO (30)

2 huevos
100 gr de azúcar
1/2 vaso de agua
1/4 vaso de zumo de naranja
1/4 kg de mantequilla
1/2 kg de harina fuerte de panadería
25 gr de levadura fresca prensada
una pizca de sal

1.er modo de hacer

En la batidora con el gancho hacer una primera masa echando los ingredientes en el siguiente orden: huevos, azúcar, levadura, sal, agua, zumo y harina. Dejar batir la masa hasta que se separe del bombo. Sin dejarla subir estirar la masa formando un cuadrado de 1 cm de grosor y poner la manteca en el centro: envolver como si fuera un paquete y estirar como al principio, repitiendo esta operación dos veces más. Formar las piezas y dejar subir 4-5 horas. Pintarlas con huevo batido y cocer en el horno a 200 ºC durante 15 minutos.
Con esta receta salen 12 croissants.

2.º modo de hacer

En la batidora con el gancho se hace una masa echando todos los ingredientes y dejando batir 10 minutos, hasta que la masa se separe del bombo. Se deja reposar la masa 15 minutos y se estira formando un rectángulo de 1/2 a 1 cm de grosor. Se forman las piezas y se dejan subir 4-5 horas. Se pintan de huevo batido y se cuecen en el horno a 220 ºC durante 15 minutos.
Esta masa resulta complicada si no se tiene batidora.

REPOSTERÍA

FLAN DE COCO (31)

1 bote pequeño de leche condensada (370 gr)
la medida de 2 botes de leche
3 huevos
50 gr de coco rallado
salsa de caramelo (Ver rec. n.º 57 de Reposte-ría) *para cubrir el fondo de la flanera*

*S*e trituran con la minipimer los huevos y se mezclan con la leche condensada, la leche y el coco. Se cubre el fondo de una flanera con salsa de caramelo y se echa el flan. Se mete en el horno a 150 ºC, al baño María, durante 40 minutos aproxima-damente. Para comprobar que está hecho, se pincha con una aguja y tiene que salir limpia. Se deja enfriar y se desmolda. Se puede decorar con nata, plátanos y nueces.
Si se quiere más suave, se montan las claras a punto de nieve y se añaden al final.

FLAN DE HUEVO (32)

1/2 l de leche
5 huevos
150 gr de azúcar
salsa de caramelo (Ver rec. n.º 57 de Repos-tería)

*S*e mezclan los huevos con el azúcar y la leche. Se cubre el fondo de un molde con salsa de caramelo y se echa el flan. Se hace en el horno al baño María a 180 ºC durante 30 minutos, aproximadamente.

REPOSTERÍA

FLAN DE PIÑA (33)

1 vasito de zumo de piña
5 rodajas de piña
100 gr de gelatina en polvo de limón
3 cucharadas de azúcar
3 huevos
salsa de caramelo (Ver rec. n.º 57 de Repostería)

Hervir en un cazo la gelatina con el zumo de la piña. Una vez que ha hervido se separa del fuego y se tritura con la minipimer junto con los huevos, las rodajas de piña y el azúcar. Cubrir el fondo de un molde con salsa de caramelo y echar el flan. Dejar en la nevera 8 horas. Desmoldar y servir con nata o merengue y barquillos de chocolate.

HELADO CHUS AL JEREZ (34)

3 claras de huevo con una pizca de sal	1/4 kg de nata montada
3 yemas de huevo	1/2 vasito de pasas sultanas o de Corinto, cubiertas con vino de Jerez dulce semiseco o similar
125 gr de azúcar	

Se baten las claras a punto de nieve y se le va incorporando el azúcar. A continuación se mezclan las yemas, las pasas, el vino y la nata. Se unta un molde con mantequilla y se mete en el congelador durante 8 horas. También se puede echar el helado en tarrinas de barro.

Para desmoldarlo, lo metemos unos segundos en agua caliente. Se decora con frutos secos: almendras, nueces, avellanas, pasas; chocolate en grano y salsa de caramelo.

REPOSTERÍA

FONDANT FALSO (35)

1/2 clara de huevo

4 cucharadas de azúcar glass

2 gotas de limón

Se mezclan los tres ingredientes con un tenedor. Si se quiere un fondant más espeso se sigue añadiendo azúcar glass.

Se utiliza para cubrir pasteles, pastas de té, tartas...

GLASEADO DE MELOCOTÓN (36)

1 bote de 150 gr de mermelada de melocotón

1 vaso de agua

1/4 kg de azúcar

En un cazo poner a hervir el agua con el azúcar 15 minutos. Retirar del fuego y triturar con la mermelada. Pasar por el colador chino.

Se utiliza para cubrir pasteles y tartas.

REPOSTERÍA

HELADO DE CAFÉ (37)

3 huevos	1/4 kg de nata montada
125 gr de azúcar	2 cucharaditas de Nescafé disuelto en 2 cucharadas de agua

*B*atir las claras a punto de nieve. Añadir el azúcar, las yemas, el Nescafé y por último mezclar con cuidado la nata montada. Untar un molde con un poco de mantequilla y echar el helado. Dejar en el congelador 8 horas. Para desmoldarlo lo metemos unos segundos en agua caliente. Decorar con nata montada y chocolate rallado.

HELADO DE CHANTILLY AL CARAMELO (38)

1/4 bote de leche Ideal (muy fría)
1/4 l de leche (muy fría)
70 gr de chantilly
salsa de caramelo, cantidad según gusto (Ver rec. n.º 57 de Repostería)

*M*ontar con la batidora la leche Ideal hasta obtener consistencia de nata.

Aparte, hacer el chantilly con la leche siguiendo las instrucciones del paquete.

Mezclar con cuidado el chantilly con la leche Ideal y añadirle salsa de caramelo hasta que se consiga el sabor deseado.

Untar un molde con mantequilla, echar el helado y dejar en el congelador unas 8 horas. En el momento de servir, se mete el molde unos momentos en agua caliente y se desmolda.

Se puede acompañar con salsa de chocolate (Ver rec. n.º 58 de Repostería).

REPOSTERÍA

HOJALDRE CON CABELLO DE ÁNGEL (39)

1 placa de 250 gr de hojaldre congelado

1 lata de 250 gr de cabello de ángel

azúcar

*U*na vez descongelado el hojaldre, se estira con un rodillo, hasta formar un rectángulo de 1/2 cm de grosor. En la parte central se pone el cabello de ángel y se doblan los dos laterales sobre el centro, de modo que nos quede un rectángulo estrecho y alargado. Se mete en el horno a 200 °C durante 30 minutos hasta que esté dorado. Se deja otros 5 minutos con la puerta del horno abierta para que el hojaldre se seque. Se saca y, en caliente, se pasa por azúcar.

MAGDALENAS (40)

3 huevos	1 cucharadita de levadura en polvo
150 gr de azúcar	ralladura de 1 limón (optativo)
1/2 vaso de aceite de girasol	cápsulas de papel de magdalenas
150 gr de harina	

*S*e baten las claras a punto se nieve y se incorporan el azúcar y las yemas. A continuación se mezcla el aceite y por último la harina con la levadura y la ralladura de limón.

Las cápsulas se meten vacías en el horno un momento para que se endurezcan. Se llenan sin llegar hasta el borde, se espolvorean con azúcar y se meten en el horno a 175 °C durante 15 minutos, aproximadamente.

REPOSTERÍA

MANTECADAS DE ANÍS (41)

450 gr de harina

250 gr de manteca de cerdo

175 gr de azúcar

1 yema

1 huevo

anís y azúcar para acabar las pastas

Se mezcla la manteca con el azúcar, la yema, el huevo y la harina y se amasan bien. Se estira la masa con un rodillo y se cortan las mantecadas con un cortapastas o un vaso. (Si cuesta unir la masa, se puede añadir unas gotitas de anís).

Se meten a horno medio (aproximadamente 200 °C), durante 15-20 minutos y en caliente se pasan primero por anís y después por azúcar.

MOUSSE DE CHOCOLATE (42)

200 gr de chocolate cobertura o chocolate fondant

150 gr de mantequilla

175-200 gr de azúcar

4 huevos

4 cucharadas de coñac

Separar las yemas de las claras y montar las claras a punto de nieve.

Derretir el chocolate al baño María o en el microondas y cuando esté tibio mezclar con la mantequilla, las yemas, el azúcar, el coñac y por último con las claras montadas. Colocar en copas y decorar con nata o merengue.

REPOSTERÍA

MELOCOTONES RELLENOS (43)

8 mitades de melocotón en almíbar

1/4 l de nata montada con 30 gr de azúcar

100 gr de crocanti o almendra picada

50 gr de chocolate rallado o granulado

Se monta la nata con el azucar en la batidora y se mezcla con 50 gr de crocanti. Se rellenan los melocotones con la nata y se adornan con el crocanti que queda y el chocolate rallado.

MERENGUE (44)

1/2 vaso de claras

1 vaso de azúcar (escaso)

unas gotas de limón

una pizca de sal

Se baten las claras y cuando están casi montadas se les añade el azúcar poco a poco, la sal y el limón; se sigue batiendo hasta conseguir el punto de nieve.

REPOSTERÍA

MERENGUES SECOS (45)

1/2 vaso de claras
1 vaso de azúcar (escaso)
unas gotas de limón
una pizca de sal

*S*e hacen merengues pequeños con una manga pastelera y se colocan en una lata de horno mojada con agua. (Ver rec. n.º 44 de Repostería). Se meten en el horno a 90 ºC, durante 3 horas, como mínimo.

Cuando se sacan del horno se pueden decorar con nata montada y una nuez.

MILHOJAS (46)

1 plancha de hojaldre congelado de 250 gr de 1 cm de grosor
merengue (Ver rec. n.º 44 de Repostería)
azúcar glass

*C*ocer a horno medio (225 ºC) la plancha de hojaldre sin descongelar durante 20-30 minutos.

Hacer el merengue.

Una vez cocido el hojaldre se deja enfriar, se abre por la mitad y se rellena con el merengue. Se presenta espolvoreado de azúcar glass.

REPOSTERÍA

MOUSSE DE YOGUR DE FRUTAS DEL BOSQUE (47)

125 gr de nata montada con 2 cucharadas de azúcar
3 claras de huevo montadas a punto de nieve con 2 cucharadas de azúcar
3 yogures de frutas del bosque
3 cucharadas de mermelada de fresa

*B*atir los tres yogures y añadirles la mermelada, la nata montada y el merengue. Presentar en copas o cuencos adornados con moras, fresas y barquillos.

NARANJAS RELLENAS (48)

	Para la Crema:
4 naranjas grandes partidas en dos partes: la parte que vamos a rellenar y otra parte mucho menor que nos servirá de sombrero o tapadera	*1 vaso de agua*
	1 vaso de zumo de naranja
	3 yemas de huevo
250 gr de azúcar	
	3 cucharadas rasas de Maizena
	50 gr de mantequilla

*S*e vacía la parte de la naranja que vamos a rellenar y se reserva, hasta que hagamos la crema.

Con un batidor de varillas se mezcla en un cazo la Maizena, el azúcar, el agua y el zumo de naranja. Se pone en el fuego hasta que hierva y espese, sin dejar de mover con una cuchara de madera. Una vez que ha espesado, se retira del fuego y se mezclan con rapidez las 3 yemas y la mantequilla. Se rellenan las naranjas y se dejan enfriar en la nevera hasta el momento de servir. Se puede decorar con la parte superior de la naranja a modo de sombrero y unas hojas de menta o hierbabuena.

REPOSTERÍA

NATILLAS (49)

1 l de leche	4 huevos
1 cáscara de limón	2 cucharadas de Maizena
1 palo de canela	225 gr de azúcar
canela en polvo	

En un cazo se pone a hervir la leche con la cáscara de limón y el palo de canela.

En otro recipiente se mezcla la Maizena, el azúcar y los huevos, sin la clara, con la minipimer. Cuando la leche empieza a hervir se vierte sobre la mezcla y se sigue batiendo para que todo quede unido. Se vuelven a echar las natillas al cazo y a fuego medio, se da vueltas hasta que comiencen a hervir. Mantener hirviendo unos dos minutos y retirar del fuego. Dejar enfriar y espolvorear de canela en polvo.

PASTAS DE TÉ (50)

120 gr de mantequilla	1 yema
45 gr de azúcar glass	150 gr de harina

Batir a punto de pomada la mantequilla con el azúcar. A continuación mezclar la yema y por último la harina. Estirar la masa con un rodillo, ayudándose con un poco de harina ya que la masa queda muy blanda. Cortar con cortapastas de diferentes formas las pastas y pintarlas con huevo. Cocer en el horno a 200 °C durante 15 minutos.

Otro modo de hacerlas es formando bolitas con la mano y aplastándolas con un tenedor.

Antes de meterlas al horno se pueden espolvorear de azúcar.

REPOSTERÍA

PASTAS MARTITA (51)

50 gr de azúcar molida

100 gr de mantequilla (a punto de pomada, es decir, blanda)

150 gr de harina de repostería

*S*e unen los 3 ingredientes formando una masa. Se hacen bolas, se aplastan con un tenedor, se rebozan de azúcar y se meten al horno a 175 °C durante 20 minutos.

Estas pastas también se pueden hacer formando un cilindro con toda la masa y cortando porciones de 1/2 cm con un cuchillo. Se colocan en la bandeja de horno y se les pone encima una avellana.

PESTIÑOS (52)

1/2 vaso de aceite frito con 1 cucharadita de matalauva (anises) y una cáscara de limón

1/2 vaso de vino blanco

1 cucharadita de ajonjolí

1/2 kg de harina

Para bañarlos:

almíbar

1 vaso de miel

1 vaso de azúcar

1 vaso de agua

*S*e deja enfriar el aceite y se hace una masa con todos los ingredientes. Se deja reposar la masa 10 minutos y se estira mucho con el rodillo formando cuadrados a los que se le unen dos puntas en diagonal, obteniendo así la forma del pestiño. Se fríen en abundante aceite caliente. Se escurren y se bañan en el siguiente almíbar: en un cazo se pone a cocer 1 vaso de miel, 1 vaso de agua y 1 vaso de azúcar durante 10 minutos y se bañan los pestiños. Si se quiere se pueden pasar sólo por azúcar. Salen para unas 10 personas.

REPOSTERÍA

PETIT-CHOUX DE CHOCOLATE (53)

150 gr de harina	4 huevos
1 vaso escaso de agua	una puntita de sal
6 cucharadas de aceite de girasol	una puntita de levadura en polvo

*P*oner al fuego en un cazo el agua, el aceite y la sal. Cuando rompe a hervir se añade de golpe la harina con la levadura en polvo y se mueve con una cuchara de madera unos momentos hasta que la masa se hace una bola. Hay que dejar que esta bola se enfríe y entonces se incorporan los huevos uno a uno en la masa. Con la mano o con una manga se hacen los petit-choux, se colocan en una bandeja y se cuecen en el horno a 225 °C durante 20 minutos, dejándolos con el horno abierto 10 minutos más.

Se rellenan de crema de chocolate (Ver rec. n.º 26 y 27 de Repostería).

PERAS AL VINO TINTO (54)

4 peras de agua peladas y partidas por la mitad
1 palo de canela
2 vasos de vino tinto
250 gr de azúcar

*P*oner a cocer el vino con el azúcar en un cazo al fuego durante 10 minutos. Pasado este tiempo se echan las peras y se deja a fuego lento hasta que estén blandas.

Se dejan enfriar en el vino y se sirven en una fuente honda.

Si se quiere, se puede espesar el vino de la cocción añadiendo, cuando esté caliente, una cucharada de Maizena exprés.

REPOSTERÍA

ROSCA DE NARANJA (55)

1/2 vaso de zumo de naranja	1/2 bote de leche Ideal, muy fría
90 gr de gelatina en polvo de naranja	(aproximadamente que haya estado 3 horas en el congelador)
1/2 vaso de azúcar	

En un cazo se pone a hervir durante 10 minutos el zumo de naranja y el azúcar. Pasado este tiempo se echa la gelatina y se deja hervir 4 ó 5 minutos más. Se deja enfriar.

Aparte, con la batidora se monta la leche ideal hasta que tenga la consistencia de la nata. Una vez montada se va mezclando lentamente con el líquido que hemos enfriado.

Se unta con mantequilla un molde de rosca, se echa el postre y se deja en la nevera toda la noche. Se desmolda cuando se vaya a comer metiéndolo unos segundos en agua hirviendo.

Se decora con frutas de verano: ciruelas, piña, uvas, melocotón, fresa, etc.

ROSQUILLAS (56)

3 yemas de huevo	1/2 vaso de aceite de girasol
100 gr de azúcar	4 cucharadas de anís
3 claras montadas a punto de nieve	300 gr de harina

Se hace una masa con todos los ingredientes incorporando las claras montadas al final. Se deja reposar 20 minutos. Se forman las rosquillas y se fríen en abundante aceite a fuego lento. Una vez fritas y escurridas se pasan por anís y azúcar, o bien sólo por azúcar.

Es importantísimo ir graduando la temperatura del aceite para que no penetre en las rosquillas: no debe ser ni excesivamente fuerte ni demasiado bajo.

Las rosquillas se forman con ayuda de harina, pero cuanto más harina pongamos, más duras quedan.

REPOSTERÍA

SALSA DE CARAMELO (57)

1/2 k de azúcar

1 vaso de agua caliente

En un cazo se pone a derretir el azúcar a fuego lento hasta que se deshaga totalmente. Separar del fuego y añadir el agua, con precaución porque salta. Volver a poner en el fuego 15 minutos. Se deja enfriar y se utiliza. Si se quiere más líquida se añade más agua.

SALSA DE CHOCOLATE (58)

50 gr de chocolate cobertura o chocolate fondant

1 vaso de nata líquida, caliente

Se pone a cocer la nata y el chocolate al fuego, sin dejar de dar vueltas. Cuando se ha derretido del todo se deja reducir la salsa unos minutos. Se sirve templada.

REPOSTERÍA

SALSA SABAYÓN (59)

6 yemas
150 gr de azúcar
1 vaso de Jerez dulce seco o similar

*S*e baten las yemas con el azúcar a punto de relieve. Se ponen en un cazo al baño María y se le va incorporando el vino poco a poco. Sin dejar de mover, se espera a que espese. No tiene que hervir porque se cortaría. Sirve para acompañar frutas naturales.

SEMIFRÍO DE LIMÓN (60)

1/2 vaso de zumo de limón	1/2 bote de leche Ideal, muy fría (previamente metida en el congelador tres horas)
ralladura de 3 limones	
1/2 vaso de azúcar	85 gr de gelatina en polvo de limón

*E*n un cazo se pone a hervir durante 10 minutos el zumo de limón, la ralladura y el azúcar. A continuación, a este almíbar se le echa la gelatina y se deja hervir 3 minutos más. Se retira del fuego y se deja enfriar.

Aparte se monta con la batidora la leche ideal hasta que tenga consistencia de nata. Una vez batida se mezcla con el almíbar que tenemos, muy lentamente. Se coloca en copas o en un frutero y se decora por encima con chocolate rallado o granulado. Conviene que esté algunas horas en la nevera, pero se puede comer directamente.

REPOSTERÍA

SOLETILLAS NAVIDEÑAS GRATINADAS (61)

8 bizcochos de soletillas

natillas (Ver rec. n.º 49 de Repostería)

merengue (Ver rec. n.º 44 de Repostería)

Se colocan los bizcochos de soletilla en una fuente. Se hace 1/2 receta de natillas y se echa por encima de los bizcochos.
Por último se hace el merengue y se coloca encima de las natillas. Se mete unos minutos en el gratinador hasta que se dore.
Se puede servir templado o frío.

SULTANAS (62)

2 claras de huevo

100 gr de azúcar molida en el molinillo o azúcar glass

100 gr de coco rallado

Se baten las claras hasta conseguir que estén a punto de nieve. Se mezclan con el azúcar y el coco.
Se deja reposar 5 minutos y se hacen montoncitos en una lata de horno engrasada. Meter en el horno a baja temperatura (100 ó 150 °C), hasta que se doren por fuera.

REPOSTERÍA

TARTA DE ALMENDRA (63)

3 huevos

el mismo peso de los huevos en azúcar

el doble de peso de los huevos en almendra cruda triturada

canela y azúcar glass

*B*atir las claras con el azúcar a punto de nieve. Mezclar las yemas y por último la almendra con cuidado para que no se bajen las claras. Engrasar un plato o fuente refractaria y echar la tarta. Cocer en el horno a 150 °C durante 1 hora, aproximadamente.

Se presenta espolvoreada con azúcar glass y canela.

TARTA DE COCO Y LIMÓN (64)

Masa:

200 gr de galleta tipo María trituradas

50 gr de mantequilla

8 cucharadas de leche o coñac

Relleno:

1 bote pequeño de leche condensada

el zumo de tres limones

la ralladura de un limón

2 yemas de huevo

2 claras de huevo montadas a punto de nieve con una pizca de sal

50 gr de coco rallado

*M*ezclar las galletas trituradas con la mantequilla y la leche, y forrar un plato o fuente refractaria con esta masa. A continuación se hace el relleno mezclando la leche condensada con el zumo de limón, la ralladura, las yemas, el coco y por último las claras montadas. Verter el contenido encima de la masa de galletas y meter al horno a 200 °C, durante 30 minutos aproximadamente.

Dejar enfriar y servir.

TARTA DE MANZANA (65)

1 tartaleta de masa de pastas de té (Ver rec. n.º 50 de Repostería)

1/2 l de crema pastelera (Ver rec. n.º 26 de Repostería)

2 manzanas reinetas, partidas a rodajas finas

glaseado de melocotón (Ver rec. n.º 36 de Repostería)

Se forra un plato o fuente refractaria con la masa de la tartaleta. A continuación se echa la crema pastelera y por último se colocan las rodajas de manzana, de forma decorativa. Cocer en el horno a 200 °C durante 3/4 de hora, aproximadamente. Sacar del horno y cubrir la tarta con un glaseado de melocotón.

TARTA DE QUESO (66)

1/4 l de nata

100 gr de azúcar

1 tarrina de queso tipo Filadelphia

90 gr de gelatina en polvo de limón

mantequilla

Poner al fuego en un cazo la gelatina con medio vasito de agua. Cuando rompa a hervir, cocer 5 minutos y se separa del fuego. Se deja enfriar 10 minutos. En un recipiente se tritura con la minipimer la gelatina con el queso y se le incorpora con cuidado la nata (que se ha montado previamente con el azúcar). Echar la tarta en un molde untado con mantequilla y dejar 8 horas en la nevera. Para desmoldar meter unos segundos el molde en agua caliente. Se puede presentar con mermelada de frambuesa, por encima.

REPOSTERÍA

TARTA DE NATA (67)

3 yemas de huevo	1 vaso escaso de nata líquida. (un enva-
3 claras de huevo montadas a punto de nieve con una pizca de sal	se de 200 cc)
	el zumo de medio limón
200 gr de azúcar	mantequilla
100 gr de harina	azúcar glass

*M*ontar las claras batiéndolas con el azúcar y el zumo de limón. Mezclar, con cuidado de no bajar las claras, las yemas, la nata líquida y la harina.

Untar un molde con mantequilla y harina y echar la mezcla. Meter en el horno a 190 °C, durante 40 minutos aproximadamente. Desmoldar cuando esté templada y servir espolvoreada de azúcar glass.

TORRIJAS (68)

4 rebanadas de pan de torrijas
2 huevos batidos
1/2 l de leche hervida con 2 cucharadas de azúcar, un chorreón de coñac, un palo de canela y cáscara de limón

*S*e empapa el pan en la leche, se pasa por huevo y se fríe en abundante aceite caliente. Al salir se pasan por azúcar o por el siguiente baño:

en un cazo se pone a cocer 1/2 vaso de agua, 1/2 vaso de azúcar y 1/2 vaso de miel durante 10 minutos, y luego se bañan las torrijas.

REPOSTERÍA

TARTA MIXTA (69)

1 flan de huevo (Ver rec. n.º 32 de Repostería)

1 bizcocho genovés (Ver rec. n.º 11 de Repostería)

salsa de caramelo (Ver rec. n.º 57 de Repostería)

Se cubre el fondo de un molde con salsa de caramelo. Se echa primero el líquido correspondiente al flan y encima la masa correspondiente al bizcocho. Se cuece en el horno al baño María a 200 ºC durante 40 minutos. A mitad de cocción, conviene tapar el molde para que no se queme por encima.

TOCINO DE CIELO (70)

500 gr de azúcar

1/2 l de agua

16 yemas

salsa de carmelo (Ver rec. n.º 57 de Repostería)

En un cazo poner el agua y el azúcar y cocer durante 20 minutos. Dejar enfriar un poco el almíbar y mezclarlo con las yemas sin dejar de mover para evitar que éstas se cuajen. Cubrir el fondo de un molde con salsa de caramelo y echar la mezcla colándola con el colador chino. Cocer en el horno al baño María a 150 ºC durante 1 hora. Decorar con kiwi y nata.

REPOSTERÍA

TORTITAS CON NATA (71)

1 vaso de leche fría aproximadamente	1 cucharadita de levadura en polvo
2 huevos	1 cucharadita de bicarbonato
1 cucharada colmada de azúcar	1 cuchara de aceite de girasol
200 gr de harina aproximadamente	1 pizca de sal

Se hace una masa batiendo todos los ingredientes con la minipimer. Se deja reposar 1/4 de hora, tapándola para que no forme costra.

Se pinta una sartén antiadherente con un poco de mantequilla y cuando esté caliente se empiezan a echar las tortitas con una cuchara grande o un cazo. Cuando se observan pompitas en la superficie de la tortita se le da la vuelta. El fuego debe ser medio.

Se sirven con nata y caramelo.

TRUFAS (72)

125 gr de chocolate cobertura o chocolate fondant
2 yemas
3 cucharadas de azúcar glass
100 gr de mantequilla
4 cucharadas de coñac

Derretir el chocolate cobertura al baño María o al microondas y cuando esté tibio se mezclan los demás ingredientes, hasta obtener una masa homogénea. Se deja enfriar y se forman las trufas pasándolas por chocolate en polvo.

REPOSTERÍA

BIZCOCHO BICOLOR (73)

MICROONDAS

125 gr de azúcar	4 cucharadas de leche
100 gr de mantequilla	2 cucharadas de coñac
125 gr de harina	1 cucharadita de levadura en polvo
2 huevos	25 gr de cacao en polvo

*U*nir todos los ingredientes menos el cacao, batir en la minipimer, hasta que quede el batido compacto y mezclado; separar en dos partes y, a una de ellas, se le añade el cacao obteniendo una masa blanca y otra oscura. Preparar una fuente honda refractaria untada con mantequilla y harina. Verter la masa blanca y encima la oscura. Meter en el microondas durante 10 minutos aproximadamente. Desmoldar en frío. Espolvorear con azúcar.

BIZCOCHO DE NARANJA (74)

MICROONDAS

100 gr de azúcar	3 cucharadas de zumo de naranja
100 gr de mantequilla	
100 gr de harina	1 ralladura de naranja
2 huevos	1 cucharadita de levadura en polvo

*B*atir con la minipimer la mantequilla y el azúcar hasta que queden unidas. Añadir los huevos, el zumo de naranja, la ralladura de naranja y la harina mezclada con la levadura. Mezclar bien.

Preparar un molde refractario untado con mantequilla y harina. Verter el batido y meter en el microondas durante 10 minutos aproximadamente. Desmoldar en frío.

REPOSTERÍA

COMPOTA DE MANZANA (75)

MICROONDAS

1 kg de manzanas reinetas

200 gr de ciruelas pasas

150 gr de azúcar

1 limón

1 palo de canela en rama

8 cucharadas de agua

En un recipiente de cristal se ponen las manzanas con todos los demás ingredientes. Introducir en el microondas durante 5 minutos. Sacar, mover y volver a meter durante otros 3 minutos.

CREMA DE CHOCOLATE (76)

MICROONDAS

1 l de leche

2 huevos

1 cucharada colmada de Maizena

1 cucharada colmada de cacao en polvo

125 gr de azúcar

1 cucharada de coñac

Batir con la Maizena el cacao en polvo, el azúcar, el coñac, los huevos y la leche. En fuente refractaria meter en el microondas durante 6 minutos. Sacar, batir la crema fuertemente con espátula de madera o con un batidor de varillas y volver a meter en el microondas durante 2 minutos. Batir.
Servir en copas, adornadas con granulado de chocolate.

REPOSTERÍA

CREMA DE LIMÓN (77)

MICROONDAS

1 vaso de zumo de limón	*2 cucharadas de mantequilla*
ralladura de dos limones	*3 cucharadas de Maizena*
200 gr de azúcar	*3/4 l de agua*
3 yemas	

Batir con la minipimer la Maizena, el azúcar, el zumo de limón, el agua y la ralladura. En una fuente refractaria meter la crema en el microondas durante 5 ó 6 minutos.

Sacar, batir la crema fuertemente con espátula de madera o varillas y volver a meter durante 3 ó 4 minutos. Batir fuertemente, y añadir las yemas y la mantequilla, fuera del microondas.

Servir muy fría acompañada de barquillos.

FLAN DE HUEVO (78)

MICROONDAS

5 huevos	*1 palo de canela en rama*
1 vaso de leche	*salsa de caramelo* (Ver rec. n.º 57 de Repostería)
150 gr de azúcar	

Calentar la leche con el azúcar y la canela durante 2 minutos. Mezclarle los huevos batiendo con la minipimer. Verter en un molde de cristal caramelizado y meter en el microondas durante 7 minutos. Sacar y volver a meter durante 5 minutos. Desmoldar en frío.

Adornar con nata, merengue, helado, etcétera.

REPOSTERÍA

PIÑA AL KIRSK (79)

MICROONDAS

8 rodajas de piña de lata
50 gr de mantequilla
25 gr de azúcar
4 cucharadas de kirsk
el jugo de la piña
canela en polvo

*P*oner en una fuente refractaria, la mantequilla, el azúcar, el jugo de la piña y el kirsk. Meter en el microondas durante 4 minutos. Sacar, mover, colocar las ruedas de piña con la canela espolvoreada por encima. Volver a meter durante 1 ó 2 minutos.

PUDDING DE NUECES (80)

MICROONDAS

200 gr de bizcochos de soletilla	*1/2 vasito de leche*
125 gr de nueces peladas	*50 gr de azúcar*
4 huevos	*4 cucharadas de coñac*

*C*alentar la leche y el azúcar durante 2 minutos en el microondas. Sacar, mezclar los huevos batidos, los bizcochos de soletilla desmenuzados, las nueces y, por último, el coñac. Verter en un molde alto de cristal, untado de mantequilla. Meter en el microondas durante 6 minutos. Sacar, mover y volver a meter durante otros 6 minutos. Desmoldar cuando esté frío.
Se puede hacer con frutas escarchadas en lugar de las nueces.

CAPÍTULO VI

LOS VINOS Y SU RELACIÓN CON LA COCINA

*E*ntender de vinos es toda una ciencia que no tenemos que pretender dominar, si no nos dedicamos a la Enología. Sin embargo, es muy importante tener unas nociones mínimas, ya que cada comida requiere un tipo de vino determinado. El vocabulario que aparece a continuación te ayudará a ello.

Afrutado:
Vino con aroma que recuerda a diferentes plantas o frutas.

Aguado:
Consecuencia de haber añadido agua al vino.

Aguja:
Dícese de los vinos que contienen carbónico, apreciéndose en la copa, que produce un pequeño cosquilleo en la boca. Este carbónico procede de la fermentación natural.

Almendrado:
Sabor que recuerda a las almendras amargas. Es típico de algunos vinos generosos españoles.

Ambarino:
Se emplea este término para definir el color de algunos vinos blancos, generalmente reducido por la oxidación.

Añada:
Vino de un año de crianza; sinónimo de vendimia y se utiliza para indicar el año en que tuvo lugar la misma.

Añejo:
Vino cuya crianza ha alcanzado al menos tres años.

Aromatizado:
Vino al que se añaden esencias aromáticas.

Áspero:
Vino con gran cantidad de taninos y de marcada astringencia.

Aterciopelado:
Cuando un vino es fino, suave y noble.

Bouquet:
Término de origen francés que define o califica el aroma y sabor de un vino.

Carácter

Vinos que producen una grata sensación. Se utiliza para denominar el estilo o personalidad de un vino o grupo de vinos.

Carnoso:

Vino con cuerpo que produce una amplia sensación en la boca.

Clarete:

Vino obtenido con mostos de uvas blancas y tintas cuya fermentación se hace parcialmente en presencia de orujos de uvas tintas.

Clarificación:

Proceso mediante el que se eliminan las sustancias existentes en el vino.

Crianza:

Actividad empleada para el envejecimiento de los vinos. Se emplea para crianza de vinos de buena calidad y se hace en barricas de roble y botellas.

Cuerpo:

Se aplica a los vinos de gran consistencia en la boca.

Espirituoso

Vino de alta graduación alcohólica.

Gran reserva:

Denominación que se otorga a los vinos que han sido sometidos a una crianza de cuatro a cinco años entre barricas de roble y botella.

Joven:

Vino del mismo año que no ha sido sometido a crianza alguna.

Lágrima:

Mosto obtenido de la presión natural de la uva y vino típico de Málaga.

Ligero:

Vino escaso de extracto y alcohol.

Maduración:

Proceso que transcurre entre la elaboración y la crianza.

Nuevo:

Vino joven.

Opaco:

Se aplica a todos aquéllos que, o bien por su alto contenido en materias en suspensión, o bien por el alto grado de intensidad colórica no dejan pasar la luz.

Peleón:

Aquel vino que siendo corriente tiene una alta graduación alcohólica.

Picado:

Fase en la que el vino empieza a avinagrarse.

Reserva:

Se aplica a los vinos que cuentan al menos tres años.

Rosado:

Vinos elaborados con uvas blancas y tintas, sin que en la fermentación hayan intervenido o estado en contacto con los hollejos.

Seco:

Aquellos vinos que contienen menos de cinco gramos de azúcar por litro.

Solera:
Barricas o botas más próximas al suelo. Última fase de la crianza aplicada en los vinos generosos, consistente en obtener el vino para su comercialización.

Virgen:
Vino elaborado sin tener contacto el mosto con los hollejos.

Yema:
Vino obtenido al principio sin prensar artificialmente las uvas.

VINOS DE ESPAÑA

España es un país de gran riqueza vitícola y de una gran variedad dependiendo de las distintas regiones. Destacan en nuestra geografía:

Andalucía

Región vinícola por excelencia, produce vinos generosos en Jerez, Montilla, Lucena, Cabra, Alanís y Cazalla y tintos dulces en Guadalcanal y Constantina.
En Huelva hay vinos blancos de pastos y añejados. En Sanlúcar, manzanilla y en la zona de Córdoba un vino licoroso seco denominado Moriles.
En los vinos de Jerez destacan los siguientes:
Fino. Apropiado para pescados y mariscos, su graduación oscila entre 15 y 17 grados. De color pajizo, aroma punzante y delicado y sabor seco pero no ácido.
Amontillado. Muy indicado para aperitivos y meriendas. Suele ser más viejo que los finos y su graduación de unos 18 grados. Tiene un aroma punzante, como los finos, pero más avellanado.
Oloroso o Abocado. Aromático, de alta graduación y color caoba está indicado para aperitivos.

Pedro Ximénez o Dulce. Indicado para postres y pasteles. De bastante cuerpo, color subido y de 18 a 20 grados. Aunque de paladar gordo y basto, conserva un gusto azucarado, considerándose un vino dulce natural.

Extremadura

En Fregrenal se dan los vinos claretes; generosos en Monterrubio, pardillos en Villagonzalo, blancos en Montijo, Zafra y Medellín. Tintos en Montánchez y Trujillo.

Valencia

En Castellón se produce vino de pasto en Benicarló, moscatel en Portaceli, blanco dulce en Burriana, tintos en Valencia, Peñíscola y Alicante. En Valencia se dan también los claretes más o menos dulces y el cuarte que es un vino ligero de aroma agradable. En Murcia encontramos el tinto de Moratalla, el clarete de Yecla y el tinto generoso de Retamoso.

Tierras del Duero

En la cuenca del Duero se dan los vinos tintos de Toro, los claros de la Seca, y los blancos de Cantalapiedra.

Los vinos de Zamora son tintos oscuros, densos, pastosos y fuertes.

En León se elaboran vinos de aguja, que sin llegar a ser espumosos, tienen un gusto picante y algo afrutado.

En Valladolid, se crían vinos blancos, tintos y rosados, siendo estos últimos los más abundantes.

La Rioja

Los vinos de La Rioja son de color cereza o pardo, de graduación alcohólica media, secos, pero no ásperos y suaves al paladar. Los más conocidos son los de Haro, Elciego, Fuenmayor y Cenicero. También se elaboran vinos estilo borgoña y champaña.

La Mancha

De La Mancha es el famoso Valdepeñas, tinto y blanco, vino poco criado y de una graduación media de 12 a 14 grados, su variedad de clarete goza también de gran estimación. Existen vinos selectos en Tomelloso, Alcázar de San Juan y otros, pero en abundancia se da en toda la zona el vino corriente blanco.

Navarra y Aragón

En estas regiones se cosechan vinos de gran fama como los dorados de Borja, el dulce de Panizo, el clarete agrio de Miralbueno y el tinto dulce de Tudela. Pero el más famoso es el de Cariñena, dulce y espirituoso.

Galicia

La provincia de Orense produce un vino licoroso y semidulce.

Destacan también los vinos de Ribero, gruesos y algo ásperos.

También cabe destacar el Bordones, un vino blanco de las rías bajas.

Cataluña

Son famosos los tintos del Priorato, de mucho cuerpo y riqueza alcohólica, los vinos blancos de Valls y los tintos de Mataró.

El vino de Alella es un vino blanco, semidulce de 12 a 13 grados. En el Ampurdán se cosecha vino tinto seco de 15 a 20 grados. En toda la zona se da una gran producción de cava.

EL VINO Y LA COCINA

La conservación de un vino se consigue en la bodega. Salvo en caso de tener unas condiciones perfectas de temperatura, luz, humedad, silencio... no conviene almacenar vinos en la cocina. La mayoría de los blancos y rosados han de consumirse generalmente antes de los tres años. Es muy importante tener las botellas en posición horizontal, con el fin de mantener siempre en contacto el líquido con el tapón para que éste se mantenga húmedo. De este modo, se evita el resecamiento del tapón, lo que daría lugar a posibles fisuras o poros que permitirían la entrada del oxígeno en la botella, y consecuentemente, en la mayoría de los casos, la oxidación y avinagramiento del vino. El mantenimiento de las botellas en sentido vertical, hace que se estropee el vino, ya que se consigue el efecto contrario a lo anteriormente expuesto.

El orden de servir los vinos es de gran importancia. Como norma general, se establece el siguiente orden:

1.º   *Vinos blancos:* Se sirve el más ligero, antes que el más generoso; el más joven, antes que el añejo; el de menor clase antes que el de mayor categoría.

2.º   *Vinos tintos:* De idéntica manera que los blancos.

3.º   Cuando en la comida se sirve un solo tipo de vino, éste deberá ir en consonancia y armonía con el plato más fuerte.

4.º   El champaña o vino espumoso es utilizado para acompañar a todos los manjares, pues armoniza con todos ellos.

No hay que olvidar en ningún momento la temperatura a la que ha de servirse el vino, con el fin de no dañar su aroma y bouquet.

Antes de pasar a efectuar un esquema sobre el tipo de vino, graduación, temperatura a que debe servirse y plato ideal al que debe acompañar, quiero recordar que los gustos y costumbres, incluso a nivel gastronómico, están cambiando; de ahí, por ejemplo, la demanda que hay, cada vez mayor, de vino tinto enfriado en lugar de chambreado o a temperatura ambiente.

TIPO DE VINO	GRADUA-CIÓN	TEMPERATU-RA A SERVIR	PLATO IDÓNEO PARA ACOMPAÑAR
FINOS	15° a 17°	13 a 15 °C	Aperitivos, canapés, caviar, mariscos, etc.
OLOROSOS	18° a 20°	14 a 18 °C	Salteados, asados, menestras…
BLANCOS SECOS	14° a 15°	10 a 12 °C	Mariscos, entremeses, pescados según receta, setas, pizzas, tortilla, huevos, paella, etc.
BLANCOS SEMISECOS, SEMIDULCES	12° a 15°	10 a 12 °C	Cremas, pasta italiana, huevos, aves, panachés de verduras, algunos quesos
BLANCOS DULCES	12° a 14°	8 a 10 °C	Foie-gras, pescados según preparaciones
ROSADOS	10° a 14°	8 a 9 °C	Utilizable con cualquier tipo de manjar o plato. Junto con los espumosos son los dos únicos que sirven para todo tipo de comidas
TINTOS LIGEROS	12° a 14°	13 a 15 °C	Pastas italianas, embutidos, recetas de verdura con carne, aves según preparación, algunos mariscos, ciertos platos de pescados, brochetas de riñones, etc.
TINTOS FUERTES	13° a 18°	15 a 18 °C	Platos fuertes, caldo gallego, cocido, fabada, callos, caza, asados, braseados, quesos fermentados o fuertes, etc.
ESPUMOSOS	8° a 12°	4 a 8 °C	Se pueden servir durante toda la comida. Lo más frecuente es tomarlos después de comer
LICOROSOS Y DULCES	15° a 20°	15 a 18 °C	Postres dulces, meriendas, repostería etc.

CAPÍTULO VII

PLANIFICACIÓN DE MENÚS

*D*esde la cocina se debe procurar una dieta equilibrada, sana, armónica y completa, tanto desde el punto de vista gastronómico como dietético y económico y con una distribución adecuada de los alimentos. Un medio eficaz para facilitar este objetivo, es la elaboración de un calendario de menús, que concrete los platos que integrarán las comidas.

¿QUÉ ES UN CALENDARIO DE MENÚS?

A modo ilustrativo, ya que una imagen vale más que mil palabras, te presento un calendario de menús de tres días que te sirve de orientación

DÍAS	DESAYUNO	COMIDA	MERIENDA	CENA
LUNES	Café con leche Croissant con mermelada Fruta	Espaguetis con tomate Pechugas de pollo con ensalada Fruta	Zumo de naranja Sandwich mixto	Consomé Merluza rebozada con mayonesa. Natillas caseras
MARTES	Café con leche Tostadas con aceite Yogur	Judías verdes con jamón Filete de ternera con patatas fritas Macedonia de fruta	Café con leche Bollos suizos	Crema de calabacín Tortilla francesa con ensalada Frutas
MIER-COLES	Café con leche Queso fresco con miel Bizcocho	Ensalada de arroz Carne guisada Yogur	Chocolate con churros	Sopa de verduras Pizzas Zumo de frutas

La elaboración escrita de este calendario tiene las siguientes ventajas:

- **ayuda** a la organización del trabajo en la cocina, ya que permite tener una visión de conjunto del trabajo a realizar.
- **facilita** el abastecimiento de comestibles, pues se sabe con anterioridad los alimentos que vamos a necesitar.
- **colabora** con la variedad de menús, al contar con un tiempo para planificarlos.

¿CÓMO HACER UN CALENDARIO DE MENÚS?

Para hacer bien un calendario de menús hay que tener en cuenta:

- El tipo de **personas** a quienes van dirigidos los menús, teniendo en cuenta su edad, sexo, costumbres y circunstancias. En cada caso será más adecuado un tipo de platos: más o menos energéticos, sencillos o de presentaciòn más elaborada, etc.
- El aspecto **dietético** de manera que los menús que se realicen proporcionen una dieta sana y equilibrada.
- El **presupuesto económico** para gastar en el menú.
- La **armonía** dentro de los platos que integran el menú.

Analizamos a continuación este aspecto dado su gran interés:

Armonía de ingredientes: evitando que se repitan los alimentos.
Por ejemplo:

> *flan de verduras y huevos fritos*

Armonía de texturas: procurando que haya un contraste suficiente de modo que no haga monótono el menú.
Por ejemplo:

> *souflé de queso y natillas*

Armonía de sabores: evitando repeticiones en el modo de condimentar. Por ejemplo:

> *patatas fritas con ajo y pollo al ajillo*

Armonía de técnicas culinarias: evitando cocinar los dos platos que integran el menú con la misma técnica culinaria. Por ejemplo:

> *lentejas guisadas y albóndigas en salsa*

Armonía en cuanto al valor de saciedad: de modo que entre los dos platos se consiga dejar a la persona satisfecha, pero sin empacharla. Conviene evitar comidas pesadas. Por ejemplo:

> *fabada y chuletón con pimientos fritos*

Armonía en la presentación: evitando repeticiones de colores, recipientes y fuentes, etc. Por ejemplo :

> *arroz en cazuela y merluza en cazuela*

APLICACIÓN DE LAS TÉCNICAS CULINARIAS A LOS ALIMENTOS

*N*o todos los alimentos admiten las mismas técnicas culinarias, unos están mejor fritos, otros asados, otros hervidos... En el siguiente cuadro están representadas las técnicas más usuales que se aplican a cada uno de los alimentos, o dicho de otro modo, cómo se pueden cocinar los alimentos.

ARROZ hervido guisado	PASTA hervida guisada
LEGUMBRES guisadas	VERDURAS hervidas al vapor guisadas

PATATAS
hervidas: con piel
        sin piel
        al vapor
 	
asadas: con piel
        sin piel
fritas
guisadas
en puré
	HUEVOS
	pasados por agua
	poch: a los 7 minutos
	duros
	a la plancha
	fritos
	al plato
	escalfados
	revueltos
	flan

CARNES Y AVES a la plancha fritas guisadas hervidas asadas	PESCADOS a la plancha fritos hervidos al vapor asados guisados

Aunque en el cuadro anterior hemos establecido una relación entre los alimentos y las técnicas culinarias, conviene hacer un estudio más específico en las verduras, las carnes, las aves y el pescado, que nos ayude a elegir el alimento idóneo a la cocción que queremos emplear, o dicho de otro modo, que sepamos escoger la técnica mejor para el alimento que tenemos en nuestras manos.

VERDURAS	HERVIDAS Y AL VAPOR	acelgas, coles de bruselas, espinacas, grelos, lombarda, repollo, espárragos, apio, cardo, remolacha, zanahoria, alcachofa, coliflor, judías verdes, habas, guisantes, calabacín y borrajas
	GUISADAS Y FRITAS	cebolla, ajo, puerro, chalota, alcachofa, berenjena, calabaza, calabacín, pimiento, tomate, habas, setas y champiñones

PESCADOS	A LA PLANCHA	atún, pez espada, lenguado, mero, sepias, merluza, salmón, rape y caballa
	FRITOS	boquerón, calamares, merluza, bacalao, salmonete, sardina, trucha, cazón
	ASADOS	besugo, dorada, lubina, trucha, salmón, reo asalmonado, sardina, pargo, mero
	COCIDOS	rape, salmón, merluza, rosada, pulpo y mejillones
	GUISADOS	atún, bacalao, calamares, merluza, mero, cazón

CARNES: Vamos a distinguir entre ternera, cerdo, pollo y cordero.		
CARNE DE TERNERA	A LA PLANCHA	solomillo, lomo, chuletón, cadera, babilla tapa y contra
	ASADA	redondo, lomo, rabillo de cadera, babilla y aleta rellena
	GUISADA	contra, aguja, morcillo, espaldilla, falda y pecho
CARNE DE CERDO	A LA PLANCHA	solomillo, lomo, jamón, chuletas
	ASADA	solomillo, lomo, magro, paleta
	GUISADA	solomillo y magro
CARNE DE POLLO	A LA PLANCHA	pechuga
	ASADA	pollo entero, troceado, muslos y pechugas
	GUISADA	pollo troceado, pechugas y muslos
CARNE DE CORDERO	A LA PLANCHA	chuletillas
	ASADA	cordero entero, costillar, pierna y paletilla
	GUISADA	cordero troceado

CUADROS ORIENTATIVOS EN LA ELABORACIÓN DE LOS ALIMENTOS

A partir de los conceptos estudiados y conocimientos adquiridos a lo largo del libro, me parecía que podría resultar interesante establecer una relación esquemática entre cada uno de los alimentos, la cantidad necesaria por persona, su tiempo de cocción, bien sea al agua o en el horno y el tiempo que tardan en cocinarse. De este modo, con un golpe de vista, el lector puede hacerse una idea muy aproximada de lo que puede significar la realización de un menú completo.

ENTRADAS

ALIMENTO: ENTRADAS	CANTIDAD/ PERSONA	TEMPERATURA AGUA/HORNO	TIEMPO COCCIÓN
ACELGA	250 gr	Hirviendo	30 min.
ALCACHOFA	250 gr	Hirviendo	60 min.
ARROZ HERVIDO	75 gr	Hirviendo	20 min.
ARROZ GUISADO	75 gr	Hirviendo	20 min. fuego 10 min. horno
CALABACÍN	250 gr	Hirviendo	15 min.
CARDO	150 gr	Hirviendo	45 min.
CEBOLLA	100 gr	Fría	45 min.
COLIFLOR	200 gr	Hirviendo	20-30 min.
ESPÁRRAGOS	250 gr	Hirviendo	20 min.
ESPINACAS	250 gr	Hirviendo	20 min.

ALIMENTO: ENTRADAS	CANTIDAD/ PERSONA	TEMPERATURA AGUA/HORNO	TIEMPO COCCIÓN
GARBANZOS	60 gr	Caliente	2 a 3 h. En olla exprés 30 min.
GUISANTES	250 gr	Hirviendo	20 min.
HABAS	250 gr	Hirviendo	20 min.
JUDÍAS BLANCAS, ROJAS, PINTAS	70 gr	Fría	2 a 3 h. En olla exprés 20 min.
JUDÍAS VERDES	250 gr	Hirviendo	45 min.
LENTEJAS	70 gr	Fría	1 a 1,5 h. En olla exprés 15 min.
LOMBARDA	250 gr	Hirviendo	30 min.
PASTA ITALIANA	60 gr	Hirviendo	12 a 20 min.
PASTA SOPA	10/15 gr	Hirviendo	5 a 10 min.
PATATAS COCIDAS	250 gr	Fría	30 a 45 min.
PATATAS GUISADAS	250 gr	Fría	20 a 30 min.
PATATAS AL HORNO	250 gr.	Caliente	1 a 2 h.
PATATAS FRITAS	250 gr	Caliente/ muy caliente	10 a 15 min.
PUERROS	200 gr	Hirviendo	25 min.
REMOLACHA	150 gr	Hirviendo	2 horas
REPOLLO	250 gr	Hirviendo	1 hora
SETAS	200 gr	Hirviendo	25 min.
VERDURAS CONGELADAS	–	Hirviendo	20 a 30 min.
ZANAHORIAS	150 gr	Fría	30 min.

PRINCIPAL

ALIMENTO: ENTRADAS	CANTIDAD/ PERSONA	TEMPERATURA AGUA/HORNO	TIEMPO COCCIÓN
HUEVO PASADO POR AGUA	1 a 2	Hirviendo	3 min.
HUEVO POCH	1 a 2	Hirviendo	7 min.
HUEVO DURO	1 a 2	Hirviendo	13 min.
HUEVO ESCALFADO	1	95 ºC	5 min.
HUEVOS A LA PLANCHA	1 a 2	Caliente	3 a 5 min.
HUEVO FRITO	1 a 2	Caliente	3 min.
FLAN DE HUEVO		225 ºC	30 a 40 min.
PESCADOS EN GENERAL	250 gr	200 ºC agua caliente	33 min/kg
FILETES	150 gr	Fuego vivo	3 a 5 min.
FILETES GRUESOS	200 gr	Fuego lento	10 min.
POLLO	300 gr (con hueso)	250 ºC	2 h. por pollo
TERNERA ASADA	200 gr	225 ºC	1-2 h/kg
TERNERA GUISADA	180 gr	Caliente	2 horas
CINTA DE LOMO	150 gr	200 ºC	1-2 h/kg
SOLOMILLO	200 gr	200 ºC	45 min.
CORDERO O CERDO	200 gr	200 ºC	1-2 horas
CORDERO GUISADO	150 gr	Caliente	1 hora
MOLDES DE CARNE	200 gr	200 ºC	1 hora
CARNES RELLENAS	180 gr	200 ºC	1-2 horas

REPOSTERÍA Y MASAS

ALIMENTO: REPOSTERÍA Y MASAS	TEMPERATURA DE COCCIÓN	TIEMPO DE COCCIÓN
ALMÍBAR	Ebullicción	10-20 min.
BOLLOS	220 ºC	12-15 min.
PIEZAS GRANDES	200 ºC	15-20 min.
CROISSANT	200 ºC	15-20 min.
FLAN	200 ºC	13-40 min.
TOCINO DE CIELO	150 ºC	1 hora
PASTAS DE TÉ	200 ºC	15-20 min.
CAKE	180 ºC	1 hora
BIZCOCHO GENOVÉS	190 ºC	20 min.
BIZCOCHO	180 ºC	45 min.
HOJALDRE INDIVIDUAL	220 ºC	20 min.
PIEZAS GRANDES DE HOJALDRE	200 ºC	20-30 min.
PETIT-CHOUX	200 ºC	20 min. 10 mín. para secarse
MASA QUEBRADA	225 ºC	20-30 min.
PIZZAS	220 ºC	15-20 min.

TABLA DE EQUIVALENCIAS

LÍQUIDOS	1 dl	8 cucharadas	poco menos de 1/2 vaso
	2,5 dl	1/4 litro	un vaso
	5 dl	1/2 litro	dos vasos
	7,5 dl	3/4 litros	tres vasos
	10 dl	1 litro	cuatro vasos
AZÚCAR Y SAL	1 cucharadita	10 gr escasos	
	1 cucharada rasa	15 gr	
	1 cucharada colmada	25-30 gr	
	1/4 kg	250 gr	1 vaso y un poco más
	1 vaso	200 gr	
	1 dl	80-90 gr	
HARINA Y MAIZENA	1 cucharadita	5 gr	
	1 cucharada rasa	10 gr	
	1 cucharada colmada	20 gr	
	1 vaso	125 gr	
	2 vasos	250 gr	1/4 kg
ARROZ	1 tacita de café	70-80 gr	(cantidad por persona)
	1/2 kg	2 vasos y 1/2	1/2 l largos
	1 kg	5 vasos	1 y 1/4 l
HUEVOS	1 huevo	70 gr	
	1 clara	40 gr	
	1 yema	30 gr	
	3-4 claras	100 gr	
	7 claras	200 gr	
	7 claras	1 vaso	